CLÍNICA-ESCOLA
Um percurso na história e na formação
em Psicologia no Brasil

COLEÇÃO HISTÓRIAS DA PSICOLOGIA NO BRASIL

SUELI PELEGRINI DE MIRANDA FIRMINO

CLÍNICA-ESCOLA
Um percurso na história e na formação
em Psicologia no Brasil

© 2011 Casapsi Livraria e Editora Ltda.
É proibida a reprodução total ou parcial desta publicação, para qualquer finalidade, sem autorização por escrito dos editores.

1ª Edição
2011

Editores
Ingo Bernd Güntert e Juliana de Villemor A. Güntert

Assistente Editorial
Aparecida Ferraz da Silva

Capa
Sergio Gzeschnik

Projeto Gráfico & Editoração Eletrônica
Sergio Gzeschnik

Produção Gráfica
Fabio Alves Melo

Preparação de Original
Luciane Helena Gomide

Revisão
Flavia Okumura Bortolon

Revisão Final
Ana Paula dos Santos Bianchini e Lucas Torrisi Gomediano

Dados Internacionais de Catalogação na Publicação (CIP)
(Câmara Brasileira do Livro, SP, Brasil)

Firmino, Sueli Pelegrini de Miranda
　Clínica-escola : um percurso na história e na formação em psicologia no Brasil / Sueli Pelegrini de Miranda Firmino. -- 1. ed. -- São Paulo : Casa do Psicólogo®, 2011.

Bibliografia
ISBN 978-85-62553-13-4

1. Clínica-escola 2. Psicologia clínica - Formação profissional 3. Psicologia - História - Brasil 4. Psicólogos - Formação profissional I. Título.

10-04202　　　　　　　　　　　　　　　　　　　　　　　CDD-150.981

Índices para catálogo sistemático:
1. Brasil : Clínica-escola : História e formação em psicologia 150.981

Impresso no Brasil
Printed in Brazil

As opiniões expressas neste livro, bem como seu conteúdo, são de responsabilidade de seus autores, não necessariamente correspondendo ao ponto de vista da editora

Reservados todos os direitos de publicação em língua portuguesa à

Casapsi Livraria e Editora Ltda.
Rua Santo Antônio, 1010
Jardim México • CEP 13253-400
Itatiba/SP – Brasil
Tel. Fax: (11) 4524-6997
www.casadopsicologo.com.br

Apresentação do Conselho Federal de Psicologia

A atenção ao resgate da história da Psicologia no Brasil tem sido uma marca da atuação dos nossos conselhos profissionais ao longo da última década. De fato, o Plano Estratégico estabelecido pelo Conselho Federal de Psicologia em 1997 apontou esse tema como elemento fundamental para as ações de fortalecimento da profissão dos psicólogos no país.

Nesse período, foi realizada extensa gama de atividades voltadas ao estabelecimento de referências claras para a compreensão do processo de surgimento tanto da profissão quanto do pensamento psicológico no Brasil. Dezenas de livros e gravações em vídeo foram realizadas com recursos dos profissionais de Psicologia. Dentre essas dezenas de livros, encontra-se a série da qual este volume faz parte.

Nunca antes o tema da história da Psicologia recebeu tanta atenção dentro e fora da academia. Os conselhos deram contribuição inestimável para o resgate da memória da Psicologia no território nacional. As publicações do projeto Memória da Psicologia Brasileira vêm buscando o objetivo de permitir aos profissionais da área o reconhecimento da longevidade da construção da Psicologia e a tomada de consciência sobre o processo histórico de seu surgimento.

Produzir e tornar disponível material histórico é essencial para que os profissionais tenham elementos para situar sua atuação no tempo, identificar soluções já testadas para problemas que ainda existem e contextualizar os desafios que enfrentam no dia a dia, logrando produzir respostas cada vez mais qualificadas às demandas profissionais e acadêmicas.

Passados 13 anos desde o início deste trabalho, temos a felicidade de anunciar que, no momento de lançamento desta obra, estamos iniciando a comemoração do cinquentenário da Psicologia Brasileira. Essa é a perspectiva estabelecida pelo Conselho Federal para orientar suas ações nos temas relacionados à memória da Psicologia até o ano de 2012, quando se completam cinquenta anos da Lei 4.119, de 27 de agosto de 1962, que regulamentou a profissão no Brasil.

Humberto Verona
Presidente do Conselho Federal de Psicologia

Apresentação da Coleção

A coleção "Histórias da Psicologia no Brasil" é uma iniciativa do projeto Memória da Psicologia Brasileira do Conselho Federal de Psicologia, em associação com o Grupo de Trabalho em História da Psicologia da Associação Nacional de Pesquisa e Pós-graduação em Psicologia (ANPEPP). O objetivo da coleção é tornar disponíveis trabalhos que abordam diferentes aspectos e tendências da Psicologia brasileira, apresentados recentemente à comunidade de estudiosos da história de nossa área de estudo e pesquisa, na forma de teses e dissertações de pós-graduação. A adaptação desses textos acadêmicos para o público mais amplo, na forma de textos introdutórios curtos e objetivos, certamente poderá contribuir para ampliar o conhecimento sobre a Psicologia brasileira, em perspectiva histórica, nos diversos cursos de graduação na área.

O Conselho Federal de Psicologia tem apoiado já há alguns anos a divulgação dos estudos cada vez mais numerosos sobre a história da Psicologia no Brasil. O projeto Memória da Psicologia Brasileira tem por finalidade justamente contribuir para resgatar e ampliar o conhecimento sobre a evolução histórica da área da Psicologia no Brasil, em seus aspectos de produção intelectual, científica, institucional e profissional. A profissão do psicólogo foi recentemente regulamentada no país – a legislação de regulamentação profissional data de 1962. A própria criação do Conselho

– órgão encarregado de velar pela organização do exercício profissional e que congrega todos os psicólogos brasileiros – é ainda mais recente, datando de 1972. No entanto, a produção intelectual relacionada a essa área de conhecimento é bem mais antiga, acompanhando a história da nossa cultura e de nossa sociedade.

O relativo desconhecimento sobre a formação histórica desse campo importante de reflexão sobre o humano em suas diversas manifestações e transformações levou à institucionalização do projeto, apresentado inicialmente no XI Plenário (1999-2001) e assumido com entusiasmo pelas gestões posteriores. O apoio do Conselho tem sido imprescindível para ampliar a pesquisa sobre o desenvolvimento da Psicologia como área de conhecimento e como profissão no Brasil, e para colocar à disposição de estudantes e profissionais um conjunto precioso de informações sobre personagens e fontes que fizeram parte do processo de construção da área entre nós. No âmbito do projeto Memória, foi editado o *Dicionário biográfico da Psicologia no Brasil* (Rio de Janeiro: Imago/Conselho Federal de Psicologia, 2001). Foram também instituídas as Coleções *Clássicos da Psicologia Brasileira* e *Pioneiros da Psicologia no Brasil*, com a finalidade de reeditar textos hoje considerados clássicos por sua contribuição importante e original no desenvolvimento do campo, e de divulgar os estudos aprofundados sobre as obras de personagens que, por seu trabalho intelectual e por suas iniciativas, colaboraram na ampliação e no desenvolvimento das instituições e práticas profissionais na área. A nova coleção *Histórias da Psicologia no Brasil* vem completar o quadro de referências sobre nossa história, contemplando estudos sobre conceitos e movimentos importantes na formação da Psicologia no Brasil.

O projeto Memória tem contado, desde o seu início, com a colaboração do Grupo de Trabalho em História da Psicologia da Associação Nacional de Pesquisa e Pós-graduação em Psicologia, cujos membros, estudiosos da história da Psicologia em diversas universidades brasileiras, são responsáveis pela pesquisa, seleção e comentários dos títulos e volumes editados. A associação entre o CFP e a ANPEPP tem contribuído para tornar real o sonho de trazer para o presente o conhecimento de nossa história, fortalecendo e aprofundando nossos laços com o passado e ampliando nossa capacidade crítica e produtiva na área de Psicologia. Trata-se de ampliar, entre os psicólogos e também para o público geral, o conhecimento sobre a evolução dessa área científica e profissional entre nós, visando não só compreender a formação e tendências já consolidadas da Psicologia, como também contribuir para tornar mais sólido o conhecimento atualmente produzido.

Regina Helena de Freitas Campos
Conselheira convidada do XIII Plenário do
Conselho Federal de Psicologia
Coordenadora do projeto Memória da
Psicologia Brasileira entre 2005 e 2007.

Sumário

Prefácio 17
Conselheira Alexandra Ayach Anache

Introdução 23

1 Trajetória da Psicologia no Brasil 33
    A Independência como Fator Primordial da Psicologia Brasileira 38
    A Preocupação com os Fenômenos Psicológicos no Século XIX 40
    Pedagogia 40
    Medicina 42
    A Psicologia 43
    A Psicologia Científica em Processo de Autonomização no Brasil 45

2 Os Pioneiros da Psicologia no Brasil 47
    A Sociedade Pestalozzi 50
    Emílio Mira y López 54
    Waclaw Radecki 58

3 Psicanálise – o ecletismo inicial na exposição das ideias 61
   A Aplicação Terapêutica do Método e a Formação
   Sistematizada em Psicanálise 72
   Antecedentes da Psicanálise em São Paulo............................ 72
   A Introdução Definitiva da Psicanálise no Âmbito Brasileiro.. 73
   Antecedentes da Psicanálise no Rio de Janeiro 75
   Antecedentes da Psicanálise na Bahia 76
   Antecedentes da Psicanálise em Minas Gerais 76

Conclusão 81
   Qual a função da clínica-escola na contemporaneidade?....... 81

Referências bibliográficas 89

Anexos 91
   Entrevistas 91
   Prof.ª Jacqueline de Oliveira Moreira 91
   Prof.º Renato Diniz Silveira 95
   Prof.ª Vânia Carneiro Franco 99
   Prof.ª Nádia Laguardia 104
   Viviane Amaral Fonseca Pires 109
   Lei n. 4.119, de 27/08/1962... 113
   Instituições Universitárias com clínica-escola no Brasil 119
   Divisão das clínicas-escolas universitárias brasileiras
   por região... 131

Dedicatória

Ao meu mestre, que, paciente e sempre disposto, seguiu ao meu lado nesta jornada, sem deixar nada para depois.

Agradecimentos

À minha família,
pelo companheirismo, pela fonte de amor inesgotável e por fazer parte da minha feliz história.

Prefácio

Apresentar o lugar que a clínica-escola possui na formação do psicólogo brasileiro é original, pois nesse espaço ocorrem diversas pesquisas, extensões e ensino que contribuem para as inovações teóricas e metodológicas da área e, consequentemente, para o processo de autonomização da Psicologia como ciência e profissão.

No primeiro capítulo desta obra, Firmino pesquisou a história da Psicologia no Brasil e, de forma contextualizada, localizou a importância dos laboratórios tanto para a pesquisa na área como também para a formação de futuros profissionais. No final do século XIX já apareciam de forma tímida os primeiros laboratórios, dentre eles um instituto especializado em exames psicológicos – o Pedagogium. Além disso, a autora destacou a importância dos pioneiros da Psicologia, alguns europeus que fizeram interlocuções com os profissionais brasileiros para responder aos problemas vigentes no século XX. Nas palavras da autora:

> A grande contribuição do laboratório foi o desenvolvimento da atitude e da disciplina científica, a saber: curiosidade, criatividade, sistemática, rigor e humildade. A aplicação da Psicologia vem de demandas específicas nas mais variadas situações de convivência e produtividade humanas, certamente quando se pensa nessa história,

a clínica-escola se faz como esse laboratório de estudo, propiciando ao estagiário estar em um lugar de aprendizado e, além do mais, amparado pelo mestre que o orientará.

Firmino também destacou alguns personagens, dentre eles médicos, educadores, juristas e até engenheiros, que se dedicaram integralmente à Psicologia. Profissionais estrangeiros, como Claparède e Piaget vieram para ministrar cursos, proferir palestras ou prestar assistências técnicas específicas. Há aqueles que se radicaram definitivamente no país, como Helena Antipoff, Emílio Mira y López e Waclaw Radecki. Esses profissionais se valeram de conhecimentos de outros campos, como da área médica e da pedagogia. O ecletismo teórico esteve presente nas raízes da Psicologia brasileira.

Há que registrar a presença marcante das ideias psicanalíticas no Brasil, pois muitos dos profissionais que faziam atendimentos clínicos em diversas instituições tinham contato com as obras de Freud e com o movimento psicanalítico europeu. Alguns participaram ativamente da criação e institucionalização das sociedades psicanalíticas brasileiras, o que levou Firmino a dedicar parte de seu texto às influências dessa vertente na organização dos centros de pesquisas, laboratórios e outros do gênero que tinham como objetivo a pesquisa dos fenômenos psicológicos.

A história da clínica-escola confunde-se com a história da profissão, estruturando-se em 1962. No entanto, o termo clínica-escola expressou as mudanças sociais vividas no Brasil, e a abertura política possibilitou a construção de críticas à neutralidade da clínica e à sua forma de atuação, ainda muito próxima do modelo médico. Além disso, a clínica-escola estava restrita a um grupo seleto de privilegiados.

A autora destacou a clínica-escola da PUC de Betim (MG) como um modelo de clínica ampliada, com possibilidades de pesquisas, oferecendo aos seus estagiários experiências em diversas áreas da Psicologia, na perspectiva da indissociabilidade entre teoria e prática. Assim, argumentou que diante da diversidade e das necessidades da sociedade contemporânea é necessário que o trabalho não se restrinja às práticas tradicionalmente conhecidas, mas que esse lócus seja de ampliação das atividades profissionais.

Conselheira Alexandra Ayach Anache
XIV Plenário do Conselho Federal de Psicologia

"Educar só se pratica com a junção de uma outra palavra: AÇÃO."
Educ-ação

(Autor desconhecido)

Introdução

Os estudantes de Psicologia que tencionam usufruir do espaço da clínica-escola – esta "formadora de profissionais" – devem refletir sobre sua função social, o que é inegavelmente fundamental. Nenhum fazer humano se dá à margem da vida sócio-histórica e cultural, de modo que a clínica-escola não seria, evidentemente, uma exceção. Cabendo, entretanto, lembrar que esta não é uma questão meramente social ou mesmo política, mas fundamentalmente ética.

Após pesquisas produzidas em prontuários da clínica-escola da PUC-Betim, percebeu-se claramente as mais variadas queixas, o que nos leva a pensar que o ser humano é unívoco e que, na contemporaneidade, deixa claro os novos problemas subjetivos. Para tanto, há de se pensar também quais as "novas psicopatologias" que permeiam o homem contemporâneo.

O objetivo deste estudo é oferecer uma análise das relações entre pesquisa e prática na história da Psicologia na clínica-escola como ciência e profissão, já que fatalmente ela esteve e está presente de forma decisiva na construção dessa história, elucidando o seu passado e apontando o seu futuro.

Segundo Schultz (*apud* Guedes, 1998), a história da Psicologia se deu através da autonomia do campo psicológico, o que ocorreu em um ambiente de laboratório e pesquisa instalado na Universidade de Leipzig (Alemanha), como se sabe através de Wilhelm Wundt (1832-1920), no outono de 1879. O objetivo era explicar a capacidade intelectiva humana, através da pesquisa da experiência imediata – o sofrimento mental bem como o enlouquecer não eram objetos. Não havia preocupação em aplicar novos conhecimentos; desejava-se apenas conhecer. Enquanto isso, distante da academia, a preocupação era outra. Juízes da Fundação Getúlio Vargas no Rio de Janeiro e médicos defrontavam-se com problemas decorrentes da delinquência e da criminalidade; e os professores não sabiam o que fazer diante do fracasso escolar de crianças em fase de alfabetização. A mudança gradativa da orientação da pesquisa psicológica de estudos mentalistas e experimentais para estudos adaptativos e situacionais contribuiu para o surgimento de práticas psicológicas. O adoecer psíquico não era objeto de estudo dos primeiros psicólogos, mas sim sua influência sobre o sujeito.

Na verdade, a aproximação entre estudos psicológicos e estudos médicos ocorreu timidamente no início do século XIX, aumentando lentamente no decorrer do período. A Psicologia clínica teve início com o atendimento à infância em 1843 no Rio de Janeiro, na tentativa de estruturar o primeiro laboratório de Psicologia aplicada à educação na Instituição Pedagogium[1], que foi constituído inicialmente como museu pedagógico a partir da idea de Rui Barbosa. Criado em 1890, sua finalidade era funcionar como "centro propulsor das reformas e melhoramentos de que carecesse a educação nacional" (Antunes, p. 73, 1988). Segundo Alchieri (2004, p. 13), desde sua criação e entre 1890 e 1897, o laboratório teve importância na divulgação de estudos de problemas psicológicos no meio acadêmico pedagógico, crescendo depois em hospitais, no convívio entre psicólogos e psiquiatras. A aproximação com a psiquiatria incentivou, entre psicólogos, o

---

[1] Instituto Especializado em Exames Psicológicos e Museu Pedagógico.

interesse pela psicoterapia e pela psicanálise (Freedheim, 1992, *apud* Alchieri, 2004).

No início do século XX, a Psicologia acadêmica estava envolvida em uma disputa ontológica para definir o objeto da Psicologia. Os reflexos desse momento estão documentados nas teorias e nos sistemas que caracterizaram o pensamento psicológico nas três primeiras décadas do século XX. Algumas dessas teorias decorreram de proposições experimentais pontuais e de suas alternativas.

A Psicologia aplicada não surgiu, como se poderia esperar, de princípios estabelecidos e comprovados em laboratórios. Na verdade, esses princípios não evoluíram, necessariamente, para técnicas de aplicações gerais e específicas.

A grande contribuição do laboratório foi o desenvolvimento da atitude e da disciplina científica, a saber: curiosidade, criatividade, sistemática, rigor e humildade. A aplicação da Psicologia vem de demandas específicas nas mais variadas situações de convivência e produtividade humanas, certamente quando se pensa nessa história, a clínica-escola se faz como esse laboratório de estudo, propiciando ao estagiário estar em um lugar de aprendizado e, além do mais, amparado pelo mestre que o orientará.

A relação entre pesquisa e prática em Psicologia no Brasil vem sendo descrita e analisada em considerável número de estudos que foram iniciados por Plínio Olinto [1886-1956], na revista *Imprensa Médica*, de 1944, por Annita Cabral [1911-1991] (1950) e por Lourenço Filho [1897-1970] (1955, 1969).

O reconhecimento da Psicologia como ciência experimental repercutiu quase que imediatamente no Brasil. Médicos brasileiros estagiaram em serviços psiquiátricos europeus nos quais entravam em contato com laboratórios de Psicologia. Esses contatos animaram a fundação de laboratórios de Psicologia no Brasil, em ambientes hospitalares. Do mesmo modo, o reconhecimento da Psicologia experimental como base científica à pedagogia incentivou a criação de laboratórios em escolas normais e de estudos de medidas de habilidades intelectuais. Alguns desses laboratórios prosperaram, tornaram-se importantes núcleos de pesquisa e prática e base para a criação de institutos de Psicologia, posteriormente incorporados a universidades. No Brasil, assim como na Inglaterra, os laboratórios de Psicologia enfrentaram muita oposição. As mesmas razões que impediram James Ward [1843-1925] de instalar um laboratório de Psicologia na Universidade de Cambridge em 1877 (Hilgard, 1987) estavam presentes na primeira tentativa de fundação de um laboratório no Rio de Janeiro em 1897. O argumento foi o mesmo, como exemplificam as palavras do opositor brasileiro Farias Brito [1862-1917], citado por Lourenço Filho (1955, p. 267): "seria ridículo pretender levar as faculdades da alma à análise de aparelhos".

Nos cursos de medicina das faculdades do Rio de Janeiro e da Bahia, aparecem os primeiros estudos de Psicologia no Brasil: em 1836, especificamente, a tese de Manoel Inácio de Figueiredo, e, no ano de 1843, a de José Augusto César de Menezes (Alchieri, 2003, p. 13). No Rio de Janeiro surge a primeira tentativa de estruturação do primeiro laboratório de Psicologia aplicada à educação na instituição Pedagogium, inaugurado em setembro do ano de 1914, com direção do especialista italiano Ugo Pizzoli (1863-1934).

Os laboratórios contaram com a colaboração de psicólogos internacionalmente reconhecidos no planejamento das instalações. Alfred Binet [1857-1911] colaborou com o médico brasileiro Manoel Bomfim [1868-1932] que, no ano de 1903, planejou e instalou um laboratório para o Pedagogium (Antunes, 2004, p. 26), uma instituição dedicada à exposição de novos métodos de educação, localizada no antigo Distrito Federal que no momento se situava na cidade do Rio de Janeiro. George Dumas [1866-1946], médico e psicólogo francês, colaborou com Maurício de Medeiros [1885-1966] na instalação de um laboratório em um hospital psiquiátrico no Rio de Janeiro em 1907. Ugo Pizzolli [1863-1934], um psicólogo italiano, veio a São Paulo para instalar um laboratório pedagógico na Escola Normal. Waclaw Radecki [1887-1953], um psicólogo polonês com doutorado na Universidade de Genebra, chegou ao Brasil em tempo de ser convidado, em 1923, para dirigir um laboratório que era montado com equipamentos trazidos de Paris e de Leipzig em um ambiente hospitalar no Engenho de Dentro, subúrbio do Rio de Janeiro. Theodore Simon [1873-1961], que trabalhara com Binet em Paris, e Léon Walther [1889-1963], que fora assistente de Édouard Claparède [1873-1940] na Universidade de Genebra, organizaram um laboratório na Escola de Aperfeiçoamento Pedagógico, em Belo Horizonte, no ano de 1928. No ano seguinte, o laboratório passou a ser chefiado por Helena Antipoff [1892-1974], uma psicóloga russa com doutorado na Universidade de Genebra que fixou residência no Brasil. O próprio Claparède veio visitar o laboratório de Belo Horizonte (Antipoff, 1975).

A instalação dos primeiros laboratórios é uma bela passagem da nossa história. A implantação ocorreu em ambientes aplicados, e as atividades principais dirigiam-se a problemas como exames em doentes mentais ou assistência a atividades escolares. Mesmo assim, os laboratórios cumpriram sua missão em fomentar pesquisa, formar pesquisadores e oferecer serviços de Psicologia. O laboratório de São Paulo foi depois reativado por Lourenço Filho, no ano de 1914, tornando-se base para as cadeiras de Psicologia educacional e de Psicologia geral da futura Universidade de São Paulo (Pessotti, 1975; Antunes, 2004, p. 86). O laboratório de Engenho de Dentro tornou-se base para a criação do Instituto de Psicologia, hoje vinculado à Universidade Federal do Rio de Janeiro (Centofanti, 1982, *apud* Antunes, 1999, p. 87). O laboratório de Belo Horizonte, com a dra. Helena Antipoff, contribuiu para a formação de professores que depois passaram a lecionar Psicologia na Universidade Federal de Minas Gerais (Pessotti, 1975).

Pode-se argumentar que Manoel Bomfim nunca foi um grande entusiasta da Psicologia experimental, o que também aconteceu com Nilton Campos [1898-1963], um dos sucessores de Radecki e depois diretor concursado do Instituto de Psicologia do Rio de Janeiro. Esse fato talvez explique o desenvolvimento ainda lento da Psicologia experimental no Brasil, mas não quer dizer que esses pioneiros fossem desatentos à pesquisa. Bomfim estava a caminho de desenvolver uma teoria psicológica na qual ressaltava a importância da linguagem na mediação entre aspectos socioculturais e a consciência individual que antecipava conceitos posteriormente tratados por autores como Jean Piaget [1896-1980] e Lev Vygotsky [1896-1934] (Antunes, 1999, p. 29). Nilton Campos foi o primeiro profissional a se dedicar integralmente à Psicologia no Brasil, ocupando-se principalmente com aspectos metodológicos da pesquisa (Cabral, 1950, p. 72). De qualquer modo, a prática psicológica parecia penetrar no Brasil de mãos dadas com a pesquisa. Faltava ainda uma instituição dedicada à formação de psicólogos.

No campo da Psicologia clínica, por iniciativa da Liga Brasileira de Higiene Mental, criada em 1922, foram instituídos gabinetes de Psicologia junto a clínicas psiquiátricas (Lourenço Filho, 1955, p. 32). Nossos historiadores, no entanto, destacaram apenas uma clínica de orientação infantil na cidade de São Paulo, fundada em 1938, e chefiada por Durval Marcondes [1899-1981]. Os antecedentes dessa clínica vinham de um grupo de estudo constituído por médicos, educadores e engenheiros no Instituto de Higiene de São Paulo, desde 1926. Nota-se que Marcondes foi o primeiro médico a praticar psicanálise em São Paulo. Do mesmo modo, Helena Antipoff deixou o laboratório de Minas Gerais para dirigir o Centro de Orientação Juvenil no Rio de Janeiro, junto ao Departamento Nacional da Criança. Aplicações da Psicologia também ocorriam em outros estados. No Rio Grande do Sul, a prática psicológica era orientada pelo psiquiatra Décio de Souza

[1907-1970], baseado em suas pesquisas (Souza, 1945, *apud* Antipoff, 1996, p. 151) e na formação que obteve nos Estados Unidos (Gomes; Lhullier; Leite, 1999, *apud* Antipoff, 1996, p. 29). Pesquisa e prática continuavam andando juntas.

Em 1929, a Psicologia passou a ser ensinada na universidade. Em 1934 foi criada a Universidade de São Paulo, a primeira no Brasil e, a seguir, a Universidade do Distrito Federal, que também tinha como prioridade a dedicação à pesquisa. Sobre esta última, acrescente-se que o psicólogo francês George Dumas colaborou ativamente indicando professores franceses para diversas disciplinas. A Psicologia era ensinada nos cursos de filosofia e contribuiu para a formação de psicólogos nas décadas de 1940 e de 1950. Paradoxalmente, o ensino universitário de Psicologia parece ter colaborado mais intensamente para a prática enquanto doutrina técnica, do que para a pesquisa enquanto experimentação e investigação empírica. As universidades não dispunham de recursos para investimentos em equipamentos.

Um interessante indicador da qualidade das pesquisas dos psicólogos brasileiros no início do decênio de 1950 foi apresentado por Aniela M. Ginsberg [1902-86], em uma edição comemorativa do *Boletim de Psicologia da Sociedade de Psicologia de São Paulo*, em 1975. Ginsberg descreveu uma jornada realizada em Curitiba, no ano de 1953, sob o nome de *Primeiro Congresso Brasileiro de Psicologia*, financiada pelo estado do Paraná. Disse Ginsberg (1975):

> O governo do Estado ofereceu a cada participante ativo (que apresentou trabalho) a passagem e estadia gratuitas, o que aumentou o número, mas não o nível médio de comunicações, mas facilitou os contatos entre psicólogos de diferentes estados. Apareceram, porém, alguns bons trabalhos e quase todos psicólogos ativos dessa época. Infere-se do relato que o número de psicólogos estava crescendo, mas não o número e a qualidade da pesquisa. Com efeito, o evento foi importante para o planejamento e as articulações

políticas necessárias ao reconhecimento da profissão e a criação dos cursos de graduação. (p. 82)

Ginsberg (1954, p. 105) apresentou um relatório detalhado do evento. No decênio de 1950, a formação em Psicologia começou a ser oferecida em cursos de pós-graduação com nível de especialização.

A preocupação com uma boa formação em Psicologia, que contemplasse a indissociação entre ensino e pesquisa, esteve muito presente nos primeiros cursos, e era maior ou menor, dependendo das condições de desenvolvimento universitário da região. No entanto, a imediata e avassaladora expansão da oferta de cursos de Psicologia comprometeu a relação entre ensino e pesquisa. Poucas universidades seguiram o exemplo de instituições pioneiras que buscaram orientação de professores estrangeiros. A maioria das instituições contou com a colaboração de religiosos, profissionais de áreas afins ou profissionais interessados em Psicologia para iniciarem os cursos. Mesmo assim, a Psicologia passou a se consolidar como ciência independente, e foi através dessas escolas que vieram à tona suas ramificações. Como exemplo, citamos a Psicologia experimental que chegou ao Brasil nas áreas: Jurídica, do Trabalho e Educacional, sendo a psiquiatria sua melhor aliada para o desmembramento de outras teorias.

O crescimento e a reformulação da pós-graduação de meados de 1980 até hoje têm sido um fato positivo nas relações entre ensino e pesquisa. Vive-se um momento de revitalização do ensino/aprendizagem e de mudança geral na atitude das universidades sobre a qualificação docente. As mudanças reforçam o papel e a eficácia das relações entre graduação e pós-graduação, e a clínica-escola propicia a ambas. Fala-se com muita propriedade na ampliação dessa relação no sentido de capacitar também profissionais altamente especializados, a partir dessa experiência ímpar que a universidade possibilita de fazer a Psicologia ser vista em várias vertentes.

Nesse ponto, o papel da clínica-escola apresenta-se como um vislumbre renovador na formação assistida de discentes. Representa a implantação de uma postura didática na qual a prática está presente como manancial informativo e crítico.

O objetivo primordial da formação através da clínica-escola é ensinar a aprender, é capacitar o futuro psicólogo para acompanhar criticamente as constantes mudanças e inovações no campo da Psicologia, e instrumentalizar o futuro profissional para o desenvolvimento de cuidados avaliativos continuados em relação à sua prática. Com essa posição, afasta-se o mito de que a academia e a profissão vivem em mundos separados. Uma separação existe, mas não é entre profissão e ciência. É, sim, numa visão empobrecida de ensino e do não "contato". A recolocação das relações entre o ensino e a prática e entre a graduação e a pós-graduação enseja o reencontro da Psicologia praticada no Brasil com sua história e com a história geral dessa área do conhecimento. Consolida os novos rumos da pós-graduação brasileira tanto na afirmação da prática quanto na capacitação de profissionais altamente qualificados para o exercício da profissão.

1

Trajetória da Psicologia no Brasil

Como todos sabem, o Brasil, no ano de 1500, foi descoberto pelo almirante português Pedro Álvares Cabral, mais precisamente no estado da Bahia. A nova terra era pouco povoada e os índios que a habitavam não haviam desenvolvido civilizações espetaculares como as do Peru e do México nem possuíam tesouros ou minas imediatamente tentadoras. Assim, fomos colonizados pelos portugueses e, a partir daí, começaram a influência e, consequentemente, os desencadeamentos psicológicos de nosso povo no sentido de "dependência" e outros modos de se viver, diferentes dos da população indígena da época.

Pode-se falar em história da Psicologia no Brasil sem pensar numa mera projeção no contexto brasileiro de conteúdos e métodos elaborados, sobretudo na Europa e nos Estados Unidos.

O Brasil foi um dos primeiros países do mundo a aprovar a regulamentação legal da profissão do psicólogo (pela lei n. 4.119, de 27/08/1962). Anteriormente, em 1946, a Psicologia brasileira já era diferente do contexto latino-americano, já que o Brasil é uma nação particularmente receptiva à aplicação e ao estudo dessa ciência conforme se nota no percurso que fez desde os primórdios de seu nascimento.

Na época da dominação portuguesa, a proibição de se instituírem escolas de nível superior na colônia fez que os jovens brasileiros que quisessem dar continuidade aos seus estudos tivessem de emigrar para Portugal ou para outros países da Europa, dos quais incorporavam as ideias e a sensibilidade. Dessa forma, criavam-se condições para uma frutífera assimilação do patrimônio da civilização ocidental. A partir daí, ao regressarem à pátria mãe, muitos jovens assumiram o Brasil como objeto de investigação científica.

Assim, para reconstruirmos a história da Psicologia no Brasil, devemos buscar as origens remotas do interesse pelo estudo da subjetividade e do comportamento no âmbito mais antigo da cultura brasileira, e, nesse sentido, a época colonial (1550 a 1822) é um período relativamente fecundo e diferenciado. Certamente, nesse período ainda estavam vivos os traços das culturas indígenas, cujas informações sobre as doutrinas e as práticas psicológicas podem ser obtidas através dos escritos de missionários e viajantes. Vale, pois, ressaltar dois fatores preponderantes e bem atuais: as cantigas e os jogos na educação escolar.

Em suma, as origens dos conhecimentos psicológicos elaborados ou transmitidos no Brasil da época colonial refletem influências profundas do saber europeu, mescladas a aspectos próprios da cultura indígena.

Para tanto, ao se debruçar nas escrituras de viajantes e missionários, principalmente dos jesuítas, é possível encontrar fontes secundárias de informações sobre conceitos e práticas psicológicas próprias das culturas indígenas e anteriores ao processo de colonização – culturas estas caracterizadas pela tradição oral, não existindo fontes primárias escritas que possibilitem uma investigação historiográfica mais direta (Massimi, 1990, p. 10).

Nota-se também que a presença do catolicismo na cultura brasileira da época colonial é muito evidente, cuja contribuição das congregações religiosas, em particular dos jesuítas, beneditinos e franciscanos tem grande destaque (Massimi, 1990, p. 13). O interesse pelos assuntos psicológicos é muito vivo nas obras de jesuítas dos séculos XVII e XVIII dedicadas à pedagogia, à catequese e a teologia moral.

É importante destacar a influência dos jesuítas no Brasil, no sentido de sua obra educativa, representando um "fato educacional de suma importância no século XVII" (Massimi, 1990, p. 14). Tal contribuição se concretiza na criação da "Escola de ler e escrever" para as crianças indígenas e de colégios, dentre os quais o mais famoso é o "Colégio dos Meninos de Jesus", na Bahia, fundado por Manoel da Nóbrega, em 1550 (Massimi, 1990, p. 14). Foi uma tentativa de integração cultural entre os filhos de índios, portugueses e mestiços, que contava com pessoas de estirpe cultural completamente diferente da dos povos europeus. Dessa forma, pratica-se um novo tipo de educação, dando origem a um vasto "experimento educacional" e surgindo, a partir daí, uma concepção estudantil, mais voltadas agora à nossa realidade.

Em 1759, as reformas pombalinas[1] dos estudos secundários e da universidade, bem como a expulsão da Companhia de Jesus dos territórios portugueses e brasileiros, significaram o fim da experiência no campo educacional e a destruição do sistema escolar a partir dessa estruturação, produzindo, segundo Massimi (1999), uma enorme perda no plano cultural e um atraso notável no desenvolvimento da instrução no Brasil.

Entre os séculos XVII e XVIII, uma forma de conhecimento psicológico foi elaborada no bojo da tradição teológica e catequética, no sentido de fornecer educação religiosa a um público amplo e diferenciado, desde a Corte Régia até a população mais humilde de uma cidade (Massimi, 1999, p. 18). Os textos produzidos

---

[1] As reformas pombalinas impuseram um esforço de renovação cultural e política, situado historicamente entre um período de obscurantismo beato, que o antecedeu, e de reação policial, num intervalo que se seguiu. A administração pombalina seria, dessa forma, um intervalo iluminado da história portuguesa, um tanto distante da tradição beata imperante nos tempos de D. João V, e que se manteve cada vez mais feroz até que a ideia liberal encontrou o terreno propício para a sua fecundação.

destinavam-se à pregação nas igrejas e em outros locais públicos, como os os famosos *Sermões* (1648-79), do Padre Antônio Vieira (1608-97) e de Dom Mateus da Encarnação Pinna (1711-51), Beneditino Carioca (1687-1764) e a *Botica Preciosa* (1754), do Padre Ângelo de Sequeira. A abordagem dos textos desses séculos se dá sobre o saber de si mesmo.

O autoconhecimento se traduz em um discurso cuja finalidade é comunicar a outra pessoa a experiência vivenciada. O saber sobre si mesmo é considerado funcional para o controle sobre as próprias ações, fundamentando-se na possibilidade de o sujeito representar sua vivência interior através do discurso, pressupondo a existência de uma relação de determinação entre os fenômenos psíquicos e as palavras.

A autoabstração pode então apresentar características e rumos diferentes, dependendo, pois, do ponto de vista que o sujeito do conhecimento assume como referencial. Daí derivou, então, a multiplicidade de visões e definições de homem enquanto objeto de saber, como se nota nos dias de hoje com a forma de pensar o homem em cada vertente teórica.

Essas premissas parecem proporcionar os fundamentos de um saber objetivo sobre o sujeito. De fato, há de se pensar que, sendo a mente redutível ao organismo – e este regulado pelas leis da natureza –, é possível abordar o seu estudo através do método científico, já que se mostrou eficaz na física e na biologia. Dessa forma, os distúrbios psíquicos, que dependem do funcionamento do organismo, podem ser conhecidos casualmente, através de tratados, apenas modificando as variáveis determinantes diante de remédios físicos e normas higiênicas.

A adoção dessa perspectiva permite, então, superar o impasse epistemológico característico do conhecimento psicológico e devido à igualdade entre sujeito e objeto. As dificuldades causadas por essa identidade eram reconhecidas e enfrentadas através da religião.

Na medicina, o saber era objetivo sobre o sujeito; nessa perspectiva, a solução se torna reducionista para a questão, eliminando totalmente o papel do sujeito, reduzindo-o a seus condicionamentos orgânicos. A eficácia da terapia então é atribuída inteiramente à força das determinações objetivas, sobretudo dos remédios físicos. O tratado *Medicina Theológica* (*apud* Massimi, 1999, p. 26), publicado pelo autor mineiro em 1794, é um exemplo significativo da nova abordagem. Nele a figura do confessor é substituída pela do médico: "Descobrindo-se a confissão, as chagas todas do coração humano facilmente são conhecidas e podem ser inteiramente curadas pelos médicos, que as observarão e examinarão em segredo" (Mello Franco, 1794, p. 2).

Portanto, o objetivo da Psicologia médica do século XVIII é definir uma "verdade" sobre o homem, uma alternativa proclamada pelo saber tradicional da matriz cristã, sendo, pois, a garantia desse método o saber científico.

Colocadas assim, as bases de tal modo proporcionarão no século XIX a criação de uma Psicologia científica.

Ao tentar uma avaliação abrangente sobre a contribuição da cultura colonial, no campo dos conhecimentos psicológicos, é preciso, antes de tudo, destacar a presença de um interesse difuso pelas questões dessa ordem em várias áreas do saber da época. Assim, afirma-se que, desde então, as raízes da Psicologia brasileira já eram plantadas, pelo menos quanto à definição dos objetos e dos fundamentos teóricos-metodológicos necessários para a constituição de um saber sobre o sujeito.

Apesar da riqueza de ideias e dos métodos psicológicos presentes no saber da época, é necessário frisar a fragmentação desses conhecimentos. Eles são frutos de interesses de círculos intelectuais, já que a Psicologia ainda não se constituiu como disciplina autônoma diante da situação brasileira, assim não há uma área do saber direcionado, nem um objeto sistemático de pesquisa e de ensino.

Por isso, para que possamos perceber realmente o nascimento "focado" da Psicologia, devemos, então, partir para o século XIX.

A Independência como Fator Primordial da Psicologia Brasileira

A independência do Brasil e a estrutura do país como nação ocidental moderna significam uma grande mudança no plano cultural e social. Vale a pena destacar a saúde, a educação, a religião, a moral e várias outras dimensões da experiência pessoal do sujeito, que começam, assim, a ser gerenciadas pelo Estado. Ao mesmo tempo, os papéis sociais dos indivíduos no âmbito social estruturam-se de forma mais precisa, encarando-os, nessa perspectiva, como função e produto do processo.

> A criação de órgãos oficiais de transmissão e elaboração do conhecimento, como escolas, faculdades, academias, sociedades científicas, revistas, bibliotecas, responde à finalidade de garantir a unidade do corpo social e a adesão dos seus membros à lógica hegemônica. (Massimi, 1999, p. 29)

A partir daí surgiram várias instituições. Em meados do século XIX, sobretudo em São Paulo, evidenciam-se grupos e congregações protestantes norte-americanas, e sua influência torna-se de fundamental importância para a introdução da Psicologia científica no país, e ainda proliferam revistas e jornais de "instrução científica" (Massimi, 1999, p. 30), que, em alguns casos, apresentavam caráter de periódicos especializados.

É nesse panorama que a Psicologia comparece ora como objeto de estudo e ensino no âmbito de diversas áreas teóricas, ora como ciência autônoma.

Embora "nosso" saber tenha sido influenciado em sua base pelos portugueses, a Psicologia estabeleceu-se no Brasil, revelada pelo pensamento psicológico produzido na época Colonial, uma vez que não havia ainda obras produzidas no período, conhecido como pré-institucional, como aconteceu posteriormente.

Os fenômenos psicológicos aparecem em obras oriundas de outras áreas do saber, como: teologia, moral, pedagogia, medicina, política e até mesmo arquitetura, nas quais basicamente se discutia a análise das formas de atuação sobre os fatos psíquicos.

Os autores dessas obras são brasileiros, mas em sua maioria estudaram em Portugal, tendo, portanto, formação jesuítica e cursado em universidades europeias, particularmente na Universidade de Coimbra. Eles mesmos exerciam função religiosa ou política, e vários deles chegaram a ocupar importantes cargos na colônia ou na metrópole (Antunes, 2004, p. 18).

As obras produzidas no Brasil eram impressas na Europa, pois havia meios de fazê-lo aqui à época. Nessas obras era fácil perceber algumas preocupações com os seguintes temas: emoções, sentidos, autoconhecimento, educação de crianças e jovens, características do sexo feminino, trabalho, adaptação ao ambiente, processos psicológicos, diferenças raciais, aculturação e técnicas de persuasão de "selvagens", controle político e aplicação do conhecimento psicológico à prática médica.

Vale a pena também ressaltar a problemática do trabalho, principalmente sob as perspectivas moral, social e psicológica. Nota-se uma preocupação com a condenação do ócio, especialmente em suas relações com o vício, ao qual o trabalho se contraporia. Nessa perspectiva, o indígena é particularmente considerado como preguiçoso e ocioso e, por isso, propenso ao pecado e o trabalho é visto como meio de cura e um instrumento para sua "civilização" (Antunes, 2004, p. 20).

Pensava-se que o clima brasileiro favorecia o ócio e a dissimulação – pensamento frequente até meados do século XX e que apresenta relação muito próxima com o pensamento psicológico-psiquiátrico desenvolvido no Brasil.

A Preocupação com os Fenômenos Psicológicos no Século XIX

O Brasil sofreu grandes transformações no século XIX, quando deixou de ser Colônia e transformou-se em Império (1822 a 1889), ainda que tenha se mantido sob o poder da realeza portuguesa. A produção do saber psicológico ainda era gerada no interior de outras áreas do conhecimento, fundamentalmente na medicina e na educação.

Descreveremos primeiramente o pensamento psicológico determinado pela educação e, a seguir, pela medicina, embora os dois conhecimentos seguissem juntos nesse período.

Pedagogia

Com a transferência da Corte para o Brasil, em 1808, novas necessidades surgiram, tornando essencial a formação de "quadros" (classificação) para os aparatos repressivo e administrativo do governo. Nesse sentido, a preocupação maior se deu em face da educação e do ensino. A partir dessa fase são criados os cursos superiores no país, embora com a finalidade quase que exclusiva de formação profissional, inexistindo a preocupação com o conhecimento.

O ensino secundário manteve ainda um caráter masculino, só podendo ser frequentado por alunos do sexo masculino e dominado pela iniciativa privada, sobretudo da Igreja Católica. A única instituição a se afastar dessa visão foi o Colégio Pedro II, no Rio de Janeiro, onde eram ministrados conhecimentos enciclopédicos e de caráter universalista (por ter característica elitista e aristocrática), *mesmo tendo em si a finalidade de modelar*.

Na década de 1830 foi criada, em Niterói (RJ), a primeira Escola Normal, seguida de muitas outras, que oferecia cursos de, no máximo, dois anos, sem garantia de formação profissional e com docentes pouco preparados. Somente em 1880, em São Paulo, o curso passou para três anos de duração. Em 1890, no Rio de Janeiro, foi criado o Pedagogium, com a finalidade de se constituir um centro de pesquisas educacionais e museu pedagógico, sob a inspiração de Rui Barbosa[2].

No que diz respeito ao pensamento brasileiro do século XIX sobre educação, esta sofreu profunda influência europeia, com presença marcante das ideias francesas, de teólogos, professores e médicos que eram,, nessa época, os autores de obras filosóficas e tendiam a considerar a Psicologia como parte integrante da metafísica, tendo como objeto de estudo geralmente a "alma", o "espírito" e o "eu". Os assuntos tratados nessas obras referiam-se a conceitos sobre os fundamentos da vida e conceitos psicológicos sobre fenômenos psíquicos específicos (percepção, emoção, cognição, motricidade etc.). Esses assuntos ainda apareceram em algumas obras nas primeiras décadas do século XX, porém foram abordados mais cientificamente, em livros de teologia moral, no sentido da ordem psicológica.

A partir daí, percebe-se uma crescente preocupação com os fenômenos psíquicos, especialmente no que diz respeito aos métodos de ensino, como se nota nas escritas das Escolas Normais, que passam a se preocupar com a necessidade de conhecimento sobre o educando e a formação do educador. Começa-se a se preocupar, também através da pedagogia, com a educação e o desenvolvimento das faculdades psíquicas das crianças,

---

[2] Rui Barbosa (1849-1923) foi um dos mais importantes personagens da história do Brasil, participou de todas as grandes questões políticas do país.

especialmente a inteligência, seguida de sensações e da vontade (Antunes, 2004, p. 28).

Preocupações com questões de ordem psicológica pela pedagogia, no século XIX sistematizaram o que foi empreendido a partir do final desse período e início do século XX, com maior aprofundamento e também maior rigor metodológico em seu "estudo". Os temas pouco se diferem nesses períodos, o que permite dizer que não houve uma ruptura, mas sim uma evolução no tratamento dessas questões, deixando, assim, clara a importante relação entre Psicologia e pedagogia.

Medicina

As faculdades de medicina do Rio de Janeiro e da Bahia foram criadas em 1832, quando surgiram as cadeiras de cirurgia, na Bahia, e de cirurgia e anatomia, no Rio de Janeiro, instaladas em 1908 (Antunes, 2004, p. 29). Nessas faculdades, para conclusão de curso os alunos tinham de defender publicamente uma tese de doutoramento ou inaugural, que lhes conferia o título de doutor. Grande parte desses trabalhos abordava assuntos caracteristicamente psicológicos. Segundo Antunes (2004), temas relacionados à psiquiatria, neurologia, neuriatria, medicina social e medicina legal foram frutos dessas teses. Muitas delas antecedem a questões hoje vistas como questões psicológicas, no sentido de essas questões possírem temas elaborados para suas respectivas disciplinas, questões que se dizia serem de outra realidade, da realidade da psiquê, uma delas intitula-se "*Clínica das moléstias mentais*", produzida em 1881; mas desde 1836 podem ser encontradas teses que tratam de fenômenos psicológicos.

A Psicologia

A primeira tese a ser defendida e que tratava de fenômenos psicológicos data de 1836 e foi escrita por Manoel Ignácio de Figueiredo Jaime. Foi denominada *As paixões e afetos d'alma em geral, e em particular sobre o amor, amizade, gratidão e o amor da pátria*, de influência cartesiana e muito próxima das temáticas abordadas no período colonial (Antunes, 2004, p. 86).

Temas relacionados à sexualidade também são constantes, bem como cópula, onanismo, histeria, ninfomania, prostituição etc. Valendo aqui ressaltar que, em 1914, a tese de Genserico Aragão de Souza Pinto evoluiu para um tratamento teórico baseado na psicanálise.

A partir daí, surge a medicina social, que elaborava propostas para as várias instituições sociais e tinha como finalidade a higienização. Para tanto, ela se preocupou com hospitais, cemitérios, quartéis, bordéis, prisões, fábricas e, de maneira especial, com as escolas, percebendo, inclusive, essas preocupações nas teses de doutoramento.

A medicina social contribuiu também no plano da intervenção social, o que remete à defesa da criação de hospícios, uma necessidade imperativa para a proposta de uma medicina de higienização e para a normalização da sociedade. Assim vários hospícios foram criados até o final do século XIX.

O fim da condição colonial permitiu o desenvolvimento de várias instâncias da formação social brasileira, dentre as quais as de âmbito cultural. A criação de cursos superiores, a impressão de livros e o surgimento de várias instituições certamente são exemplos dessa mudança. A busca pela identidade nacional, principalmente por intelectuais que procuravam a compreensão e a solução de problemas nacionais e não mais a mão de obra, deve certamente ser destacada. É a partir dessa época que o Brasil se torna uma nação autônoma, adquirindo também maior facilidade de contato com o restante da Europa, isento agora da mediação de Portugal, o que facilitaria certamente a penetração de outras ideias, especialmente da França, que representava o centro intelectual à época.

A produção de ideias psicológicas foi também produto dessa sociedade em transformação, sobretudo na busca de respostas às necessidades que se diversificavam e se impunham pelos novos tempos. Deixamos de ser colonizados pelos portugueses e teríamos de ter nossas próprias rédeas.

Assim, nota-se o desenvolvimento do pensamento psicológico no Brasil no século XIX – o que não pode ser visto apenas na sua dimensão local. É necessário considerar que a preocupação com os fenômenos psicológicos vinha, durante séculos, se desenvolvendo; entretanto, é no século XIX que a evolução da filosofia, de um lado, e dos conhecimentos produzidos pela fisiologia, de outro, começou a caminhar em direção a uma possível estatização. É possível dizer que o século XIX foi, para a Psicologia, o momento fundamental que preparou as condições para sua autonomia.

Ainda no século XIX, o fundamento de uma sociedade baseada na propriedade privada, portanto pessoal e individual, tornou necessário compreender o homem na sua dimensão individual. Com o estabelecimento do capitalismo, foi preciso, então, considerar, a partir de suas características, a formação social baseada na divisão social do trabalho e no avanço técnico, o que apontava para a especialização do conhecimento.

Sob esse panorama, o contato de muitos brasileiros com os movimentos intelectuais europeus inevitavelmente fez que as ideias, agora em franca expansão lá fora, mais cedo ou mais tarde aqui chegassem também. O esbanjamento de ideias na Europa, somado às necessidades da sociedade brasileira, permitiu que aqui também se desenvolvessem, dentre várias áreas do conhecimento, as ideias psicológicas.

A Psicologia, por sua vez, no final do século XIX passou a ter seu estatuto de ciência autônoma.

A Psicologia Científica em Processo de Autonomização no Brasil

A Psicologia como ciência autônoma dá-se primeiramente na Europa e nos Estados Unidos, e, na virada do século XIX, um intenso desenvolvimento da ciência psicológica ocorre em todas as instâncias, seja no plano teórico, destacando a diversidade de abordagens surgidas nessa época e o aumento significativo da produção de pesquisa, seja no plano prático, em que a ciência penetrou e ampliou seu potencial de aplicação.

Buscou-se a Psicologia e outras áreas de conhecimento no sentido de contribuir com soluções para os problemas de saúde, educação e organização do trabalho no interior de uma formação social dependente e atrasada, em busca de uma modernidade representada pela concretização do ingresso do Brasil no mundo industrializado. A ciência desenvolveu-se, conquistando sua autonomia em relação às outras áreas do saber – nas quais se baseara até então para evoluir – por meio da definição e da delimitação cada vez mais explícitas de seu objeto de estudo e do seu campo próprio de ação.

Os personagens dessa história são principalmente médicos, educadores, juristas e até engenheiros, sendo que muitos deles dedicaram-se exclusivamente à Psicologia e podem ser considerados os primeiros psicólogos brasileiros. Acrescentam-se a estes vários psicólogos estrangeiros que para cá vieram ministrar cursos, proferir palestras ou prestar assistência técnica específica, dos quais muitos aqui permaneceram e se radicaram definitivamente no país, dentre os quais destacamos os pioneiros Helena Antipoff e Emílio Mira y López.

2

Os Pioneiros da Psicologia no Brasil

Helena Antipoff

Helena Antipoff substituiu seu mestre Edouard Claparède quando de sua viagem para o Egito, ministrando aulas na Universidade de Genebra. Ao final de uma dessas aulas, um visitante sul-americano, o dr. Alberto Álvares, procura-a com seu cartão de visita na mão e lhe fala de sua missão por parte do governo do Brasil. O presidente de Minas Gerais pretendia organizar uma Escola Normal Superior para preparar futuros mestres e dirigentes educacionais em Belo Horizonte. Tratava-se de um contrato de dois anos. O brasileiro comprometeu-se em procurá-la no dia seguinte ou subsequentes para saber sua resposta. O dr. Álvares voltou acompanhado agora do cônsul do Brasil em Genebra, levou-lhe mapas geográficos e cartões-postais sobre o Brasil, mas Helena Antipoff pediu-lhe para que lhe substituíssem no Brasil, pelo menos por um ano. Em seu lugar, assumiu Leon Walter, que, nos primeiros meses de 1928, embarcou para Minas Gerais. Em 1929 Álvares voltou para a Suíça e alguém deveria substituí-lo na Escola de Aperfeiçoamento para Professores em Minas Gerais. Ao ouvir palavras de encorajamento de Claparède, Helena Antipoff estudou mais uma vez a sua vinda para o país.

Pelas informações obtidas de Walter, ela percebeu que o ensino em Minas Gerais estava incipiente, ainda em fase experimental. A maioria do magistério era constituída de mulheres

47

recém-formadas em escolas normais. Havia ausência de professores secundários diplomados, a maioria era autodidata.

Em abril, depois de um ano para tomar sua decisão final, Helena Antipoff assinou no Consulado do Brasil, um contrato de dois anos com o governo de Minas Gerais.

Ao desembarcar no Brasil, o professor Lourenço Filho explicou-lhe que o Brasil precisava de técnicos experimentados, assim como ela, e falou sobre a Psicologia no Brasil, que despontava positivamente na Bahia, em Pernambuco e no Rio de Janeiro e formulou votos de que Belo Horizonte se tornasse um novo centro (Antipoff, 1975, p. 27).

Numa manhã de agosto, a professora Helena Antipoff teve o primeiro contato com a Escola de Aperfeiçoamento Pedagógico de Belo Horizonte. Estimulada pelo ambiente de estudo e pelo perfeito entrosamento das professoras, em pouco tempo a Escola ganhou fama na capital e no interior do estado.

Helena Antipoff paulatinamente entrou em todas as áreas educacionais de Minas Gerais e usou sua influência e seu prestígio cada vez mais crescentes para proporcionar uma série de benefícios para o meio ambiente.

Em 1934, uma valiosa pesquisa feita em colaboração com sua assistente Zilda Assunção foi publicada em língua francesa, intitulada *Contributions,* inserida no XXVI volume dos *Archives de Psychologie Typologiques à l'Étude de l'Érgographie* de Genebra (Antipoff, 1975, p. 28).

Helena Antipoff aproveitou a realização do primeiro Congresso de Psicologia, Neurologia e Psiquiatria, em São Paulo, para publicar o estudo, preconizado por Decroly[1], *Nota provisória*

---

[1] Decroly (1871-1932) destacou-se como educador, psicólogo, médico e universitário e pelo valor que depositou nas condições do desenvolvimento infantil, no caráter global da atividade da criança e na função globalizadora do ensino.

da conduta de adaptação na criança, no qual focalizou as reações de uma criança ao abrir uma caixa-surpresa.

O período de 1932 a 1937 corresponde a um quinquênio muito fértil em redação de monografias, artigos e contribuições científicas em revistas especializadas. Alguns desses trabalhos, realizados pelas assistentes de laboratório de Psicologia, foram traduzidos para o francês e enviados para Genebra. Nesse mesmo período, com interesse sempre crescente pela Psicologia, Antipoff participou em São Paulo, Rio de Janeiro, Porto Alegre e Salvador de todos os congressos ligados à sua especialidade e nos quais costumava receber um lugar de honra como pioneira do movimento no país.

Em 1937, Antipoff foi designada representante do Brasil no Primeiro Congresso Internacional de Psicologia e de Psiquiatria Infantil de Paris. O trabalho do congresso alcançou pleno êxito, e Antipoff foi eleita membro permanente do Comitê Internacional dos Congressos de Psicologia.

A década de 1940 constituiu um período de intenso trabalho científico, tanto no laboratório quanto com relação às inúmeras iniciativas privadas, que organizavam jornadas, seminários, reuniões científicas de associações, animadas do melhor espírito possível.

Na mesma época, por esforço de alguns mestres, surgiu em Belo Horizonte a Faculdade de Filosofia de Minas Gerais, que pouco a pouco obteve sua admissão na Universidade Federal de Minas Gerais. Helena Antipoff foi convidada a tornar-se professora, fundadora da faculdade e catedrática da cadeira de Psicologia educacional. "Desligando-se" de Minas Gerais, foi para o Rio de Janeiro.

Lá, ela iniciou um trabalho no antigo Instituto Fernandes Figueira, em Botafogo, e lançou os fundamentos do Centro de Orientação Juvenil (COJ), destinados aos adolescentes do Rio com dificuldades de conduta.

A Sociedade Pestalozzi

Não bastava a Helena Antipoff "pontificar", ou mesmo escrever, colaborando com dezenas de revistas técnicas, se, ao seu redor, via injustiça social, fome e miséria, assim procurou uma infraestrutura para que pudesse "instituir" uma obra de maior envergadura.

Em 1932, reuniu professores, médicos, advogados, agrônomos, engenheiros e outros profissionais e lhes destacou a "situação de abandono e miséria em que se encontra a infância desamparada que perambula pelas ruas da capital" (Antipoff, 1975, p. 128). Assim lhes propôs a criação de uma sociedade de assistência, depois de sensibilizá-los quanto ao dever de acudir os necessitados. Foi criada, então, a *Sociedade Pestalozzi*, que prestaria serviços à infância desamparada de Minas Gerais.

Inicialmente, pensou-se em organizar uma escola-granja, para amparar os meninos infradotados, crianças excepcionais que no Estado de Minas Gerais ainda não tinham lugar que os abrigasse. E em um barracão de madeira, erguido da noite para o dia, teve começo o núcleo do Instituto Pestalozzi. E mais tarde Helena Antipoff doou o pequeno laboratório de pesquisas médico-pedagógicas ao Estado para que tomasse o encargo de sua manutenção.

Ao lado do entusiasmo pelo trabalho comunitário, Helena Antipoff não cometeu imprudências de improvisações e serviços de afogadilhos. Assim, em poucas semanas a sociedade adquiriu personalidade jurídica e despertou o respeito de todos que lhe viam imprimir passos de gigante em seu roteiro assistencial.

O governo, pelo secretário de educação, permitiu a publicação dos Estatutos da Sociedade. Dessa forma, publicam-se os primeiros boletins de caráter técnico sobre o problema da infância excepcional, até então desconhecido.

Já com mais de noventa crianças matriculadas, infradotadas, houve a necessidade de ampliar os espaços e o número de funcionários (professores, enfermeiras etc.). Para tanto, em 28 de outubro de 1934, o governo do estado construiu um pavilhão, dentro do terreno da Sociedade Pestalozzi. Nesse novo local a partir de então, além de um consultório para crianças deficientes, classes especiais para educação e tratamento de crianças deficientes, haveria cursos especiais sobre anormais[2]; pesquisas científicas sobre causas, formas e tratamento dos anormais; centro de informações e estatística relativas aos excepcionais; redação de revista e publicações; centro de educação e propaganda eugênica; centro de orientação profissional dos deficientes; assistência à infância excepcional e socialmente abandonada (Antipoff, 1975, p. 130).

Em 1932 foi publicado o *teste prime*. Os boletins da Secretaria da Educação e Saúde Pública de Minas Gerais n. 7, 8 e 9 e os boletins seguintes, a partir de 1930, já traziam em seu conteúdo monografias de grande interesse para o magistério primário de todo o estado. Na sequência Antipoff e suas assistentes organizaram o *teste limiar* e a *Revista do Ensino*, de Minas Gerais, publicou "Interesses infantis revelados por um catálogo de livros".

Ainda sobre a Sociedade Pestalozzi de Minas Gerais, saiu, em 1939, a *Ficha de observação*, por meio da qual, *grosso modo*, foi possível situar o desenvolvimento de uma criança já a partir dos três anos. Nessa ficha, anotava-se para cada tipo de conduta o nível de suas façanhas, quando vistas do ponto de vista do movimento, coordenação psicomotora ou linguagem. Antipoff escreveu, também, *Necessidade de uma orientação profissional na escola* e pouco tempo depois um novo livro dedicado aos excepcionais, *A função social da assistência às crianças excepcionais*.

---

[2] Este era o termo utilizado na época e por isso optou-se por empregá-lo aqui, mas é importante ressaltar que posteriormente caiu em desuso por seu significado pejorativo, e de forma alguma reflete o nosso ponto de vista, nem o da Psicologia atual, sobre as crianças atualmente ditas *excepcionais*.

Em 1934, consolida-se o movimento inicial, estruturando-se a Associação Mineira de Escotismo, para a qual Antipoff foi uma de suas principais entusiastas.

É também com a Associação Auxiliar de Escotismo que a Sociedade Pestalozzi tomou a iniciativa de uma reunião em prol dos menores trabalhadores, vendedores de jornais. Poucas semanas depois angariou dinheiro para dar início à *Casa do Pequeno Jornaleiro*. Por sua preocupação com crianças desvalidas e desviadas, colaborou também com o *Abrigo de Menores* e outros asilos.

Nessa ocasião, em visita a Paris, Antipoff, com sua curiosidade ao ver que uma pessoa amiga ensinava aos jovens da região a confecção e o manuseio de flautinhas, pediu-lhe que lhe ensinasse também. Empolgada, ao regressar para o Brasil, naturalmente o Instituto Pestalozzi foi um dos primeiros a utilizar as flautinhas de bambu para números de solo ou como instrumento componente de sua bandinha.

Em razão da grande procura por famílias do interior ou de outras grandes cidades pelo Instituto, Antipoff sugeriu a modalidade de "Pequenos Lares".

A década de 1940 constituiu um período de intenso trabalho científico, tanto no laboratório como, sobretudo, em relação a inúmeras iniciativas privadas que organizaram jornadas, seminários e reuniões científicas de associações.

Ainda em 1940, Antipoff conseguiu trazer para Belo Horizonte psicólogos e educadores de São Paulo, do Rio de Janeiro e de Porto Alegre, para debater alguns assuntos na Primeira Jornada de Assuntos Psicológicos, realizada no Instituto Pestalozzi. A partir de então, Antipoff, com este e outros empreendimentos do gênero, foi a primeira no Brasil a conseguir entre médicos, psicólogos, educadores, assistentes sociais e outros um trabalho em conjunto e em colaboração, preconizando assim a integração de um equipe interdisciplinar em matéria de pesquisa e de atendimento psicopedagógico e psiquiátrico.

Como se pôde observar, Antipoff contribuiu indiretamente para o avanço no país no campo da pesquisa científica. Assim, o Centro do Leme (RJ) tornou-se uma instituição pioneira de atividades psicopedagógicas. Havia um grupo designado por Antipoff para treinamento de pessoal, classes especiais para excepcionais, oficinas pedagógicas, consultório médico-psicológico e setor de publicação da dinâmica sociedade Pestalozzi do Brasil. Sua presença era solicitada em outros estados. Antipoff prestava colaboração como conselheira e orientadora de novos centros em organização, visitou Pernambuco, Bahia, Paraíba, São Paulo e Paraná e lançou a semana do excepcional, comemorada no Brasil.

Helena Antipoff apoiou o movimento em prol da criação de uma Federação de Associações de Pais e Amigos de Excepcionais (APAEs) pela Sociedade Pestalozzi de Minas Gerais. Inúmeros trabalhos foram editados sob a forma de livros, boletins, jornais, os quais divulgavam para o interior e para o país dados sobre educação, treinamento de mestres, problemas no ensino rural e experiências relacionadas com os bem-dotados, isso em 1972 (Antipoff, 1975, p. 156).

Paralelamente ao trabalho realizado na Fazenda do Rosário, Helena Antipoff prestou colaboração à Fundação do Bem-estar do Menor (FEBEM) — hoje Fundação Casa.

Na Fazenda do Rosário, observa-se vários nascimentos, entre eles:

- ISER: Instituto Superior de Educação Rural;
- FEER: Fundação Estadual de Educação Rural;
- ACORDA: Associação Comunitária do Rosário para o Desenvolvimento e Assistência;
- ACRIFAR: Associação em Prol da Criança da Fazenda do Rosário;
- LARESP: Lar para o Egresso da Sociedade Pestalozzi; e

- ADAV: Associação Milton Campos para o Desenvolvimento e Assistência às Vocações dos Bem-dotados.

Antipoff conseguiu suscitar no dr. Olinto de Oliveira, o qual exerceu funções no Ministério da Saúde, o interesse no plano das autoridades brasileiras de, diante do êxito extraordinário das conferências ministradas por Mira y López à Fundação Getúlio Vargas acolher sua proposta, no sentido de confiar-lhe a organização de um instituto especializado em exames psicológicos. E assim, como primeiro empreendimento, nasce o Instituto de Orientação e Seleção Profissional (ISOP), através do dr. Emílio Mira y López.

Emílio Mira y López

A história intelectual de Mira y López (1896-1964) decorreu em referência a dois campos profissionais e científicos, no seu caso, complementares: a medicina e a Psicologia.

O primeiro contato de Mira y López com o Brasil ocorreu em maio de 1945, quando veio a convite da Universidade de São Paulo (USP), do Instituto de Organização Racional do Trabalho (IDORT), do Serviço Nacional de Aprendizagem Industrial (SENAI), da Divisão de Ensino e Seleção da Estrada de Ferro Sorocabana e de outras instituições de São Paulo. Daí, em seguida, foi ao Rio de Janeiro, a convite de várias entidades, em particular do Ministério da Educação e Cultura (MEC), do Departamento de Administração e Seleção do Serviço Público (DASP) e do Departamento Nacional da Criança (Rosas, 1995, p. 32).

Em São Paulo o foco de suas conferências foi a psiquiatria. Ali expôs e debateu o prognóstico da esquizofrenia, a medicina psicossomática, as influências das escolas psicológicas sobre a psiquiatria, dentre outros.

Ainda em São Paulo, de 14 de maio a 2 de junho do mesmo ano, ministrou um curso de Psicologia aplicada ao trabalho, patrocinado pelo SENAI e pelo Departamento Regional de São Paulo bem como pela Divisão e Seleção da Estrada de Ferro Sorocabana. O curso compreendeu dez preleções, cuja temática versou sobre o papel da Psicologia na ciência do trabalho, a informação profissional, os métodos gerais de orientação profissional, a classificação profissional, o exame médico na orientação profissional, o exame psicotécnico, técnica e prática dos testes de aptidão, mensuração da afetividade e testes psicomotores. Mira y López, com uma extraordinária velocidade e lucidez de percepção global, decifrou a Psicologia coletiva do brasileiro.

Em outubro de 1945, Mira desenvolveu um curso, promovido pelo DASP sobre "Seleção, Orientação e Readaptação Profissional", e também fez novas conferências cujos temas se relacionavam, bem como sobre o estilo da divulgação (séria) das aplicações psicológicas no qual sempre foi um mestre.

O curso do DASP teve por objetivo treinar equipes de técnicos brasileiros no manejo dos métodos e recursos próprios da seleção e da orientação. Como alunos, participaram oitenta profissionais, pertencentes aos quadros do DASP, do Departamento Nacional da Criança, do Instituto Nacional de Educação Profissional (INEP), da Faculdade Nacional de Filosofia, da Superintendência do Ensino Agrícola e Veterinário, do Centro Nacional de Pesquisas Agrônomas, do SENAI e do Serviço de Assistência da Prefeitura do então Distrito Federal (Alchieri, 2004, p. 18).

O curso do DASP possibilitou o treinamento inicial de uma equipe técnica que comporia, em parte, o núcleo original do ISOP, bem como a padronização de instrumentos, a realização de estudos profissiográficos e de outras pesquisas, tendo em vista a implantação técnica e cientificamente criteriosa da instituição (Alchieri, 2004, p. 18).

Estavam, pois, criadas as condições básicas para que se instalasse uma organização técnica destinada à prática e difusão de comportamentos científicos na orientação da juventude brasileira. Em 1934, Roberto Mange oferecera um curso de psicotécnica na Escola Livre de Sociologia e Política de São Paulo. Waclaw Radecki, Ulisses Pernambucano, Helena Antipoff e outros pioneiros da Psicologia aplicada no Brasil tinham naturalmente ministrado cursos e conduzido treinamentos destinados à formação de seus auxiliares. O então Instituto de Psicologia provém da conversão do antigo Laboratório na Colônia de Psicologia no Engenho de Dentro, instalado em 1932 e extinto sete meses depois, que, a partir daí, recebeu um novo destino, dadas as aparelhagens já existentes.

Waclaw Radecki[3], através de seu notável currículo, fez-se determinar sua vinda a esse "laboratório". Entre seus ideais, tinha a instalação de uma escola superior de Psicologia, para iniciar-se em 1933. Na oportunidade de sua abertura, em 1937, integrado à Universidade do Brasil, no Rio de Janeiro, Jaime Grabois, antigo assistente de Radecki, propôs a criação de um curso de Psicologia, a ser promovido pelo instituto, mas sua proposta não foi aprovada. Grabois insistiria e faria funcionar, a partir de 1940, alguns cursos livres de psicotécnica, os quais seriam futuramente precursores do curso do DASP.

Contudo, somente em 1945-1946 foi colocado em prática no Brasil um curso de Psicologia aplicada que poderia ser considerado técnica e cientificamente adequado à iniciação de profissionais, pela amplitude de seu conteúdo, o consequente equilíbrio entre a teoria e a prática e a duração de sua realização.

Durante o período em que transcorreu o curso – outubro de 1945 a outubro de 1946 – Mira y López pronunciou cerca de treze

---

[3] Até a década de 1930 Waclaw Radecki foi o maior conhecedor que a Psicologia brasileira teve a oportunidade de acolher. Seguido de Helena Antipoff e Emílio Mira y López.

conferências no Rio de Janeiro. Sua presença na capital federal era marcante e começava a ser influente.

Concluindo o curso do DASP, Mira y López voltou em uma rápida visita a São Paulo. Em seguida, ampliou seu conhecimento sobre o Brasil e se fez conhecer em outras regiões do país. Recife e Salvador escutaram suas lições, algumas variações em torno de alguns núcleos de problemas como orientação profissional, psicoterapia, psicopedagogia, Psicologia jurídica; e um insistente tratamento ético, em termos de respeito ao homem, pregação e prática do sutil equilíbrio entre ter a ousadia de inovar e a intransigência em não se afastar dos limites impostos pela teoria e pela técnica, então conhecidas (Rosas, 1995, p. 97).

A penetração da Psicologia, considerada como ciência autônoma, na cultura brasileira deve ser vista conforme se descreveu em todo este trabalho, de forma específica com relação à sua época e suas determinações locais.

A psiquiatria foi sua melhor aliada nessa desenvoltura, uma vez que, para conseguir o doutorado, era necessário redigir trabalhos que muitas vezes se relacionavam a assuntos intimamente ligados à Psicologia. De antemão, embora tenham sido encontrados grandes desconfortos pelo caminho, quando se dizia sobre a impossibilidade de medir o aparato de trabalho da Psicologia em máquinas, fica claro que há um adoecimento psíquico do sujeito, desencadeando, assim, em alguns, patologias visíveis aos olhos de quem vê e, em outros, nada que se demonstre fazendo parte desse mesmo sistema. É a partir daí que se observa a necessidade dessa ciência, que tem como objetivo estudar esses fenômenos, as características próprias de "cada sujeito" (Rosas, 1995, p. 98).

Como se sabe, a Psicologia laboratorial no Brasil tem origens anteriores à criação dos cursos de Psicologia que começaram a surgir na década de 1950 e proliferaram após 1962, ano em que foi promulgada a lei que regulamenta a formação do psicólogo em nosso país.

Sabe-se, por exemplo, que em 1897 Medeiros e Albuquerque criou, no Pedagogium, um laboratório de Psicologia pedagógica, mas ele fora combatido e acusado por essas "inovações fantásticas". Também no Rio de Janeiro, Maurício de Medeiros teria instalado e dirigido um pequeno laboratório de Psicologia experimental na clínica psiquiátrica do Hospício Nacional. Na primeira década do século XX, Manuel Bomfim teria dirigido um laboratório de Psicologia experimental na escola normal da cidade (Antunes, 2004).

Em São Paulo, no ano de 1914, foi criado um laboratório de Psicologia na Escola Normal e Secundária de São Paulo, com fins pedagógicos e que esteve sob a orientação e direção de um italiano chamado Ugo Pizzoli.

Em Belo Horizonte, em 1929, criou-se um laboratório de Psicologia destinado a estudos pedagógicos na Escola de Aperfeiçoamento, sob orientação breve de T. Simon e dirigido por muitos anos por Helena Antipoff.

Até onde se tem notícia, muitos outros laboratórios podem ter existido e talvez tenham possivelmente desenvolvido outros trabalhos, pois, como sabemos, a regionalidade faz a necessidade, o que no campo da Psicologia não é diferente, mas vale a pena ressaltar a tão marcante expressão do Laboratório de Psicologia da Colônia de Psicopatas, no Engenho de Dentro, no Rio de Janeiro, com seu admirável diretor Waclaw Radecki (Antunes, 2004, p. 179).

Waclaw Radecki

Radecki nasceu em Varsóvia (1887-1953). Ao se inscrever como ouvinte na Universidade de Cracóvia, começou a se interessar por Psicologia. Aos dezesseis anos escreveu seus primeiros trabalhos sobre o tema.

Em 1910, estudou na Faculdade de Ciências Naturais de Genebra. Foi também nomeado assistente do laboratório de Psicologia dirigido por Claparède, onde grandes nomes da Psicologia mundial desenvolviam seus trabalhos. Em 1923, após obter seu título de doutor pela Universidade de Genebra, por motivos ignorados, mudou-se para o Brasil. Sua esposa tinha um irmão residente no Paraná, onde fixaram residência.

No mesmo ano, Radecki lecionou Psicologia na Faculdade de Ciências Jurídicas da Universidade do Paraná e colaborou com psiquiatras locais, mas, nos anos de 1920, Curitiba não deveria ser nada promissor para o desenvolvimento de uma ciência nascente, principalmente para um currículo como o de Radecki. Então, em 1923, começou a explorar o meio buscando novos horizontes; foi a São Paulo, onde foi acolhido pela Sociedade de Educação, na qual promoveu uma conferência publicada posteriormente; promoveu também uma conferência no Círculo Oswaldo Cruz e na Sociedade de Medicina e Cirurgia em cujo boletim publicou "Métodos psicanalíticos em Psicologia".

Em 1924, Radecki viajou para o Rio de Janeiro, então capital e naturalmente o centro cultural mais ativo do país.

Em uma livraria da cidade encontrou o livro *Noções de Psicologia*, de Manoel Bomfim (1917). Estabeleceu contato pessoal com o autor, que lhe forneceu informações que resultaram em sua ida para o Engenho de Dentro, colônia de psicopatas fundada em 1911 que prestava assistência aos alienados e mulheres.

Guinle, patrono da fundação, cedeu algumas salas do dispensário n.2 para a sede do laboratório de Psicologia e ofereceu as verbas necessárias para a aparelhagem, adquiridas das firmas Bouvit, de Paris, e Zimmerminn, de Leipzig (Lourenço Filho, 1955).

Paralelamente, em 1923, acontecia o movimento de higiene mental nos Estados Unidos, o que redundou na criação da Liga Brasileira de Higiene Mental (Olinto, 1938, *apud* Antunes, 2004). Radecki, então, trabalhava no Serviço de Psicologia Experimental da Liga que estava no Engenho de Dentro, e foi contratado como chefe de análises clínicas. Em 1924, a feliz circunstância de estar no Brasil favoreceu sua indicação para organizar e dirigir o recém-fundado Laboratório de Psicologia (Antunes, 2004).

O produto da formação de Radecki deveria parecer algo confuso para a compreensão brasileira de 1920, face à pobreza do modelo educacional vigente no Brasil. O instrumento de laboratório, todo ele muito estranho a nós – habituados a crer que laboratório de Psicologia é sinônimo de laboratório skinneriano –, representava um acervo significativo da aparelhagem clássica No relatório de Guimarães (1928) citado por Antunes (2004) estão enumerados, – sem exagero – um número e uma variedade de aparelhos que fariam inveja a muitos núcleos contemporâneos de pesquisa psicológica. Com objetivos mais importantes, Radecki iniciou seu trabalho divulgando a existência do laboratório e suas propostas, bem como a própria Psicologia, que, naquela época, era pouco conhecida e acreditada por nós. Ele promoveu cursos de Psicologia no próprio laboratório, na Liga Brasileira de Higiene Mental e na Escola de Enfermeiras Alfredo Pinto. Esses cursos eram, normalmente, frequentados por médicos da colônia, por isso o objetivo de atrair novos colaboradores só teve sucesso em 1925, durante um curso ministrado na Faculdade de Medicina do Rio de Janeiro.

A partir daí consolidou-se a concepção teórica da Psicologia de Radecki e seu sistema psicológico, que são concluídos entre 1928 e 1929.

Analisando as atividades do laboratório, percebe-se claramente que a tônica do trabalho de Radecki centrou-se no objetivo de usá-lo como núcleo científico e centro didático para formar os técnicos brasileiros, tendo, assim, seu trabalho uma orientação bastante acadêmica.

3

Psicanálise – o ecletismo inicial na exposição das ideias

A partir dos anos 1920, vários nomes das ciências médicas se destacaram, especialmente de psiquiatras já versados nos temas freudianos. As obras de Freud eram frequentemente lidas no original, muito embora escritos sobre psicanálise, de autores alemães e franceses principalmente, estivessem presentes na interpretação dos textos originais.

Conquanto não se possa fazer referência a um pensamento psicanalítico brasileiro, pois isso excederia a ideologia psicanalítica, que sempre pretendeu encerrar-se como campo específico de conhecimento, observa-se, através de leituras de alguns autores brasileiros, na expressão alguns vezos de interpretação, cuja finalidade sugere a questão sobre o destino de ideias de origem estrangeira.

A divulgação das ideias psicanalíticas no Brasil, num primeiro momento, teve caráter descritivo e explicativo, ao lado da ênfase terapêutica e moral, conforme "se verifica nas teses defendidas nos cursos de medicina, nas obras teóricas de caráter acadêmico-científico, bem como nos textos destinados ao público leigo" (Mokrejs, 1993, p. 15). Por outro lado, essas ideias aparecem com assiduidade crescente nos relatos de reuniões médicas e nos compêndios pedagógicos.

No estado de São Paulo, no Movimento Antropofágico da Semana de Arte Moderna, cabe atenção especial à menção ao nome de Oswald de Andrade, que imprimiu a ideia de "canibalismo", numa retórica ousadamente freudiana. No seu entender, a antropofagia é "uma filosofia do primitivo tecnizado [...] correspondente à sociedade matriarcal e sem classes ou sem Estado".

Afirmava o autor modernista, após ler *Totem e tabu*, que cabia ao homem, na sua existência artificial, totemizar o tabu, o que implica sugerir "a devoção cultural". Alguns trabalhos sociológicos e antropológicos sobre aspectos da realidade brasileira também ensaiaram explicações sobre questões etnológicas apoiadas nos conceitos psicanalíticos.

Outros estudos das ideias freudianas expuseram temas que objetivavam apresentar um quadro analítico do homem e da sociedade com ênfase nas prescrições para o viver "bem", a "felicidade" e a "eugenia". Referiam-se, por vezes, à educação sexual, interpretando-a nos moldes da psicanálise; outras vezes, pontificaram sobre a educação moral, cujo fundamento era procurado numa ordem natural, supostamente presente nos textos psicanalíticos, mas que refletia a influência de diferentes correntes do cientificismo na formação intelectual dos autores.

O objetivo de reconstituir e interpretar conceitos psicanalíticos, atribuindo-lhes, de imediato, significados antropológicos e pedagógicos, levou frequentemente à descaracterização dos textos originais. O caráter autêntico da psicanálise foi mais bem preservado nos textos e relatos clínicos cujos fundamentos atendiam ao método de investigação científica proposto pela psicanálise com fins terapêuticos.

A difusão da psicanálise apresentou, em cada estado em que o movimento psicanalítico se consolidou, diferentes características.

No Brasil, a disseminação das ideias freudianas foi mais notória em cinco estados: Pernambuco, Minas Gerais, Rio de Janeiro, São Paulo e Rio Grande do Sul. Destes, os três últimos atestam a presença das "Sociedades Brasileiras de Psicanálise", que se constituíram nos órgãos credenciados pela Associação

Psicanalítica Internacional para a formação de psicanalistas. No estado carioca, criou-se também a Sociedade Psicanalítica do Rio de Janeiro, cuja fundação em 1958 antecedeu à da Sociedade Brasileira de Psicanálise, que aconteceu no ano de 1959.

Oficialmente, a história da psicanálise é contada a partir da fundação das "sociedades", o que se explica, inicialmente, pela preocupação do "pai da psicanálise" em garantir a seu método psicoterápico todos os padrões éticos previstos na relação terapeuta-paciente. Segundo Freud, *os analistas* somente estariam aptos para as funções clínicas se tivessem sido submetidos a uma análise psicanalítica realizada por profissionais credenciados.

Essa determinação – se era viável em alguns centros europeus – passou a constituir uma dificuldade séria para os interessados em psicanálise nos países latino-americanos, o que explica, em parte, a consolidação tardia do movimento psicanalítico nos poucos países em que isso ocorreu.

Nessas circunstâncias, era necessário a vinda de analistas europeus ou a formação de psicanalistas no exterior. Para o Brasil vieram analistas didatas, como Adelheid Koch, Frank Phillips, Werner Kemp em 1949, Mark Burke em 1948, e, na década de 1950, Theon Spanudis e Nils Haak (Mokrejs, 1993, p. 18).

À institucionalização de cada grupo psicanalítico, precedeu um processo pluralista de manifestação de ideias por meio de estudos individuais, publicações de textos e formação de grupos de estudos, até que os primeiros projetos unificadores de fundação das sociedades tomaram forma. Cada "sociedade" atribuiu um significado especial ao período de organização, que inclui documentos e participações individuais, apresentando, não raro, uma diversificação de ideias capazes de determinar a formação de diferentes grupos.

Ao lado da apresentação dos eventos históricos da psicanálise que, no Brasil, precedem as sociedades, torna-se também oportuna apresentar a sequência dos fatos pertinentes à fundação de cada "sociedade", já que neles podem ser situados alguns nexos de pensamento no contexto psicanalítico inicial de cada estado, de acordo também com características próprias de seu povo e de suas necessidades.

Os participantes dos movimentos que antecedem imediatamente a fundação das sociedades psicanalíticas são tidos como "precursores". Atribui-se o nome de "pioneiros" àqueles que difundiram as primeiras ideias psicanalíticas como decorrência de leitura e interpretação pessoal. De modo geral, no Brasil isso ocorreu especialmente no plano teórico, posto que as atividades clínicas, nesse período, caracterizaram a "psicanálise silvestre" a que o próprio Freud se referiu.

Em alguns casos, como ocorreu em São Paulo, os pioneiros desempenharam, também, o papel de precursores no movimento de institucionalização da psicanálise. Nesse estado, de modo singular, houve, desde o início, preocupação em preservar a cientificidade na interpretação dos textos freudianos, aliada ao rigor metodológico nas atividades terapêuticas.

O primeiro projeto de institucionalização da psicanálise, em São Paulo, foi realizado em 1927 (Mokrejs, 1993, p. 19), graças ao empenho de alguns médicos estudiosos das ideias de Freud e que testaram, com êxito, sua aplicação no consultório. Durval Marcondes liderou essa iniciativa. Nesse ano, surgiu o primeiro número da *Revista Brasileira de Psicanálise*, cuja publicação foi interrompida, voltando em 1967. O segundo projeto teve origem no Grupo Psicanalítico de São Paulo, formado em junho de 1944.

Adelheid Koch, como única analista didata em São Paulo, dirigiu-se a Ernest Jones em outubro de 1943 para perguntar se o grupo sob sua liderança poderia ser, oficialmente, reconhecido pela Associação Internacional. Em dezembro de 1944, recebeu uma resposta afirmativa e também a sugestão que o referido grupo se denominasse Grupo Psychoanalytico Brasileiro.

No estado do Rio de Janeiro, a trama dos fatos que marcou o início da psicanálise é caracterizada pelo ecletismo de ideias e por uma dinâmica particular, conforme atesta a profusão de textos produzidos até o período da institucionalização das "sociedades".

Ainda no Rio, configurou-se um período maior de "psicanálise silvestre", posto que a primeira fundação de uma Sociedade Brasileira de Psicanálise, que aí ocorreu em 1929, extinguiu-se logo, tal como ocorreu em São Paulo, vindo a se esboçar novamente em 1951 e, após várias gestões e questões internas, foi reconhecida pela Associação Psicanalítica Internacional (API), em 1959.

No âmbito da institucionalização, a questão primordial que se colocou, por volta de 1945, foi a formação de analistas que inclui, após uma ou duas entrevistas, análise pessoal com um analista didata credenciado pela Sociedade de Psicanálise, participação em seminários teóricos na Sociedade de Psicanálise e análises de pacientes supervisionados por analistas didatas.

Inicialmente, procurou-se trazer um psicanalista argentino, que, se viesse residir no Rio de Janeiro, poderia dar início à formação imediata de psicanalistas, mas não foi possível.

Em seguida houve outros convites, no entanto todos foram frustrados. As tentativas infrutíferas prosseguiram.

Com a impossibilidade de contornar as dificuldades de trazer ao Brasil um analista estrangeiro, alguns médicos decidiram buscar formação em Buenos Aires.

Ao mesmo tempo, da correspondência de um grupo de médicos do Rio de Janeiro com Ernest Jones, resultou em 1938 a vinda de Mark Burke ao Brasil. Burke tinha formação kleiniana e era membro da British Psychoanalytical Society. Formado no Instituto de Psicanálise de Londres, teve como analista James Strachey, que fora analisado por Freud.

Em 1959 chegou ao Brasil um analista alemão, Werner Kemper, que passou a trabalhar em conjunto com o analista britânico na formação de psicanalistas no Rio de Janeiro, concordando em analisar candidatos sem formação médica.

Após algum tempo, divergências teóricas determinaram a formação de dois grupos: o de Mark Burke e o de Werner Kemper. Os médicos, que haviam ido à análise em Buenos Aires, constituíram um terceiro grupo.

O grupo de Werner Kemper logrou reconhecimento oficial pela Associação Psicanalítica Internacional em 1958 e constituiu a Sociedade Psicanalítica do Rio de Janeiro. Seus componentes formaram a primeira e segunda turmas.

Tendo adoecido, em novembro de 1953, Mark Burke regressou a Londres, e os analistas sob sua responsabilidade dirigiram-se a São Paulo, onde já havia uma sociedade. Alguns concluíram a análise na Bristish Psycho-Analytical Society. Assim, todos os analistas retornaram como membros associados das sociedades de Psicanálise do local onde foram buscar "formação".

Após várias articulações, os analistas formados pelo grupo de Mark Burke uniram-se aos regressos da Argentina e fundaram, em 1957, o "Grupo de Estudos", já reconhecidos sob o "patrocínio" da Sociedade Brasileira de Psicanálise de São Paulo. Posteriormente ingressaram nesse mesmo grupo dois remanescentes da turma de Werner Kemper. A oficialização como sociedade pela IPA deu-se em 1959.

Dessa forma, o estado do Rio de Janeiro tem dois grupos institucionais oficialmente reconhecidos pela Associação Psicanalítica Internacional: a Sociedade Psicanalítica do Rio de Janeiro e a Sociedade Brasileira de Psicanálise.

No Rio Grande do Sul, as ideias psicanalíticas começaram a circular nas décadas de 1920 e 1930 por meio dos trabalhos de Martim Gomes (Mokrejs, 1993, p. 23). Ele era professor de ginecologia, mas nutria muito gosto pela literatura, tanto que lia textos de Freud e chegou a analisar clientes no divã, conforme atesta na introdução de *A criação estética e a psicanálise*, obra publicada em

1930, na qual expõe seus próprios sonhos, interpretando-os psicanaliticamente. Martim Gomes se propôs a continuar nessa obra "um estudo sobre a direção do pensamento e das origens inconscientes do seu mecanismo", já iniciado em *Lê revê et la selection dês idées*, em que desenvolve "uma concepção positiva do belo, filiada em pesquisas de psicanálise".

Dyonélio Machado, médico psiquiatra do Hospital São Pedro, em 1930 iniciou a aplicação da terapêutica psicanalítica na psiquiatria. Fez curso de aperfeiçoamento com o prof. Antônio Austregésilo no Rio de Janeiro, em 1931, e traduziu para o português a obra de Eduardo Weiss, *Elementos de psicanálise*.

No mesmo hospital, Dyonélio aplicou uma psicoterapia que, segundo ele, era psicanalítica, porém com sérias reservas em relação à "transferência".

A psicanálise no Rio Grande do Sul foi introduzida na universidade em 1934, por meio do Curso de Elementos de Psicanálise, ministrado como estudo prévio à criminologia e à pesquisa forense por Celestino Prunes.

Em 1944, Décio de Souza, na cátedra de psiquiatria, organizou cursos sobre psicanálise até 1950, ano em que foi buscar formação analítica em Londres. Ao retornar, como membro da Sociedade Britânica de Psicanálise, passou a integrar, a partir de 1957, o Grupo de Estudos da futura Sociedade Brasileira de Psicanálise do Rio de Janeiro.

Mário Martins, analisado por Garma, ingressou no Hospital São Pedro em 1937, tornando-se o primeiro analista com formação completa no Rio Grande do Sul. É considerado o fundador do movimento psicanalítico no Rio Grande do Sul, juntamente à sua esposa Zaira, que obteve formação psicanalítica também na Argentina, com Arminda Aberastury, especialista em análise infantil.

Posteriormente, retornaram ao Rio Grande do Sul os médicos José Lemmertz e Cyro Martins, formados na Argentina, e Celestino Prunes, analisado no Rio de Janeiro por Werner Kemper.

O retorno de Mário Martins determinou o início da formação da primeira geração de analistas de Porto Alegre e, consequentemente, o segundo grupo também.

Em 1954, surgiu a terceira turma de candidatos a analistas, que junto ao grupo de analistas "didatas", fundou em 1957 o Centro de Estudos Psicanalíticos de Porto Alegre, cujas atividades, no âmbito dos estudos e da troca de correspondência com especialistas estrangeiros, abriram caminho para oficialização da entidade.

Na década de 1950 a cadeira de medicina legal introduziu a psicanálise na 1ª, 2ª e 4ª séries do curso de Psicologia Médica. No curso de pós-graduação para especialistas em psiquiatria, Paulo Guedes e David Zimmerman contribuíram para introduzir a orientação psicanalítica.

No Hospital Psiquiátrico São Pedro, Cyro Martins e David Zimmerman aplicaram princípios da terapêutica psicanalítica sempre que a prática psiquiátrica permitia.

Em 1961, em Porto Alegre, passaram a circular duas revistas psiquiátricas em que os temas psicanalíticos predominavam: *Arquivos da Clínica Pinel*, dirigida por Marcelo Blaya Peres, em fase de formação analítica em Porto Alegre, e *Psiquiatria*, dirigida pelo analista Paulo Guedes. A partir de 1954, tiveram início as tentativas para o reconhecimento oficial do Grupo de Estudos como uma sociedade pelo IPA.

Em 1958, Mário Martins buscou entender-se com Adelheid Koch e Durval Marcondes em São Paulo, e juntos combinaram que ele, Cyro Martins e Celestino Prunes apresentariam trabalhos em um congresso de psicanálise.

Em 1950, o Centro de Estudos Psicanalíticos de Porto Alegre foi convidado a participar de um congresso no Chile, o que ensejou Mário Martins a esclarecer alguns fatos junto a Adelheid Koch, com amplo apoio dos psicanalistas argentinos. Assim, em 1961, o centro passou a ser reconhecido como Grupo de Estudos no Congresso de Edimburgo, sob a responsabilidade da Sociedade Psicanalítica do Rio de Janeiro.

Justifica-se também a pesquisa do início da psicanálise, em Recife, dada a projeção da psiquiatria na cidade, no fim da década de 1920 e nas duas décadas que se seguiram. Esse fato se deve, precipuamente, à ação de um eminente psiquiatra, Ulisses Pernambucano, cuja atuação foi marcada pela psiquiatria social. (Mokrejs, 1993, p. 27).

Ulisses Pernambucano destacou-se em diferentes áreas profissionais, iniciando suas atividades como diretor da Escola Normal de Pernambuco em 1923, ocasião em que pôs em prática importante reforma pedagógica.

Em 1931, Ulisses Pernambucano passou a se interessar por psicoterapia incluindo a psicanálise nas suas considerações, e foi analisado em um curto espaço de tempo, por Júlio Pires Porto-Carrero médico psicanalista do Rio de Janeiro. Os fatos sugerem ter sido esta a primeira manifestação psicanalítica na cidade de Recife.

A história da psicanálise institucional em Pernambuco teve início com a ida do médico psiquiatra José Lins de Almeida à França, onde completou sua formação psicanalítica.

José Lins de Almeida foi o primeiro psicanalista analisado a exercer suas funções como titular em Recife. Com a colaboração da médica Lenice de Oliveira Salles, da Sociedade Brasileira de Psicanálise do Rio de Janeiro, iniciou o trabalho para a formação dos primeiros candidatos à obtenção do título de psicanalista em Recife. Esse grupo constituiu o Núcleo de Psicanálise, com acento ortodoxo.

Ligado, inicialmente, à Sociedade Psicanalítica do Rio de Janeiro, constitui-se outro grupo expressivo: o Círculo Psicanalítico de Recife, atualmente em contato estreito com o Círculo Psicanalítico de Belo Horizonte. Vários de seus membros componentes formaram-se didaticamente, no Rio de Janeiro e em

Belo Horizonte, caracterizando o grupo pela quebra do formalismo das regras das Sociedades Psicanalíticas.

Um terceiro grupo, de caráter igualmente anti-institucional, é o Centro de Estudos Freudianos, que admite, nos seus quadros, profissionais da área de Psicologia, centralizando seus estudos nos textos lacanianos. O grupo mantém a exigência de análise pessoal e redação de textos, não logrando, porém, a elaboração de um estatuto, dada a mobilidade dos seus membros.

Este constitui, em síntese, o esboço da história da psicanálise em Recife.

Assim, nos quatro estados que apresentam uma Sociedade de Psicanálise, observam-se particularidades quanto aos estudos psicanalíticos que precederam a fundação das instituições. Convém notar que, de modo geral, as gestões no sentido de organizar as instituições psicanalíticas apresentam particularidades locais, condicionadas pelos fatores socioeconômicos e humanos.

Se o estado de São Paulo, a par de seus estudos isolados, destacou-se pelo vanguardismo no âmbito institucional, no Rio de Janeiro se observou uma intensa movimentação psicanalítica caracterizada pela produção de inúmeros textos sobre o assunto, bem como por considerável prática da "psicanálise silvestre". O Rio Grande do Sul apresentou poucos textos de divulgação da psicanálise no período que antecedeu as providências para a formação da sociedade. No estado de Pernambucano, a psicanálise logrou pequeno desenvolvimento até o presente momento, observando-se que as diligências para a oficialização das sociedades, estão circunscritas às possibilidades e aos interesses de um grupo restrito de estudiosos das ideias de Freud.

Nos demais estados brasileiros, as ideias psicanalíticas não lograram obter expressão. Alguns trabalhos isolados, na Bahia e em Minas Gerais, chegaram a figurar nas revistas médicas dos anos 1930, deixando entrever a participação das ideias de Freud na ação psicanalítica de alguns médicos.

O estado da Bahia, por meio da *Revista Bahia Médica*, veiculou vários artigos sobre psicanálise, mas pouco se sabe sobre a difusão das ideias de Freud. Arthur Ramos, médico formado pela Faculdade de Medicina da Bahia, apresentou duas teses sobre psicanálise: *Primitivo e loucura* para o doutoramento em 1926 e *A sordície dos alienados*: ensaio de uma psicopatologia da imundície, em 1928, (Mokrejs, 1993, p. 31), trabalho que lhe conferiu o título de docente livre na mesma faculdade. Ainda no seu estado, publicou alguns artigos, como "A psicanálise ativa de Steckel", em que sintetiza as ideias da "psicanálise ativa" apresentadas pelo autor alemão no asilo Sant'Anna em Paris. Já em "Registro clínico: Um caso de psicose de reação" relata a história de uma jovem esquizoide curada pela psicanálise e ressalta o valor das ideias de Freud para a psiquiatria.

Do estado de Minas Gerais, as únicas notícias sobre psicanálise para o estudo em questão foram localizadas na Revista *Minas Médica*, em 1939. Essas publicações são revestidas de um significado especial por aludirem à morte do pai da psicanálise e constituírem as únicas referências sobre o assunto no contexto da bibliografia.

Dois textos encontram-se num único número da revista. O primeiro abre a revista na sessão "Comentários" e intitula-se "Sigmund Freud". Enaltece a psicanálise pelos seus fundamentos biopsicológicos e aponta a "concepção freudista" no "plano de um verdadeiro sistema filosófico, pois nos mostra a causa e nos fornece a chave do enigma da personalidade humana em todas as suas complexas e atordoantes reações". "Sigmund Freud e a psicanálise", artigo escrito por Nicias Continentino, um dos médicos fundadores da revista, inicia com a notícia do falecimento de Freud. O tom jornalístico cede lugar a uma síntese do pensamento freudiano, destacando o conceito do pansexualismo[1], que

---

[1] Pansexualismo: sexualidade como determinante da neurose

na ótica do autor "forma o pivô das discussões apaixonadas que suscita o Freudismo". Nicias Continentino (1939) evidencia um conhecimento superficial das ideias de Freud, ao mesmo tempo que denota leituras de críticas ao mestre vienense.

Outra menção à morte de Freud, no número que se seguiu da *Minas Médica* (1939), foi feita por Cornélio Rosemburg. Detendo-se em considerações genéricas sobre a teoria, reconheceu a importância da psicanálise embora afirmasse que "os diversos mecanismos preconizados por Janet, Jung, Adler e outros são mais exatos em certos casos". Ele denota informações sobre os trabalhos de Freud até 1921, referindo-se também ao *Anuário de psicanálise, Imago* e à *Revista Internacional de Psicanálise*.

A Aplicação Terapêutica do Método e a Formação Sistematizada em Psicanálise

Antecedentes da Psicanálise em São Paulo

Segundo Virgínia Leone Bicudo (1948), três etapas marcam a evolução da psicanálise em São Paulo: divulgação da teoria, aplicação terapêutica do método e formação sistematizada de psicanalistas.

Pode-se afirmar que à primeira etapa pertence a atuação de Franco da Rocha e, em parte, a de Durval Marcondes até o início da aplicação da psicanálise no consultório. O ano de 1937 assinala o ponto de partida da formação teórica e prática de psicanalistas segundo critérios definidos pela Associação Psicanalítica Internacional.

Franco da Rocha e Durval Marcondes pertencem, em parte, ao período de difusão da teoria em São Paulo. Em 1919, Franco da Rocha já incluía, nas aulas de psiquiatria da Faculdade de Medicina de São Paulo, os temas psicanalíticos. Suas aulas aos alunos, porém, não eram bem assimiladas, dada a singularidade metodológica envolvida nas proposições psicanalíticas, a qual se afastava da linguagem psiquiátrica e psicológica, que primava por uma pretensa objetividade. Além disso, as propostas de interpretação do pai da psicanálise apontavam aspectos recônditos de conduta, cujo significado desafiou alguns princípios da moral vigente.

O precursor da psicanálise sofreu os reveses decorrentes da exposição ousada dos princípios freudianos no próprio meio acadêmico. A publicação da obra que o consagrou – O *pansexualismo na doutrina de Freud* (1919) – gerou na Congregação da Faculdade de Medicina certa apreensão em relação à sanidade mental de Franco da Rocha, o que contribuiu para que não fosse convocado a comparecer a uma das reuniões, na qual se formou uma comissão para visitar o autor do livro em sua casa, a fim de melhor avaliar suas condições mentais.

Esse episódio ilustra a forte resistência que a psicanálise encontrou na sociedade da época (até no meio acadêmico). No que se refere a Franco da Rocha, este prosseguiu com tenacidade no estudo de suas ideias, antevendo um período em que a psicanálise "seria coisa assentada e sabida, aceita por todo o mundo". Em 1930, reeditou a obra reduzindo seu título para *A doutrina de Freud*.

A Introdução Definitiva da Psicanálise no Âmbito Brasileiro

No início da década de 1920, a psicoterapia no Brasil foi objeto de cuidadosas investigações por parte dos médicos que expunham seus casos clínicos acompanhados de indagações e perplexidades em suas reuniões.

Foi um momento na história da medicina em que a eficácia dos medicamentos já sofrera reservas por parte daqueles que perceberam, na qualidade da relação do médico com o paciente, um fator de cura. Essa confiança, entretanto, estava fundamentada no poder da "lógica" e na "força de vontade", que devem ser objeto de estímulo por parte do médico.

Esse novo emprego da psicoterapia, por meio da autossugestão, ressaltando o papel do consciente e do subconsciente, veio superar os procedimentos anteriores do magnetismo, do espiritismo e do hipnotismo. Acentuava-se também a percepção de que quando a lógica e a força de vontade entram em conflito com a imaginação, esta última leva vantagem e deve, portanto, ser objeto de atenção.

Para esses fatos esteve, timidamente no início, voltada a atenção de Antônio Austregésilo (1912) e Belford Roxo (1919). Ambos acrescentaram ao êxito da psicoterapia o emprego dos "extratos" e remédios naturais, como é o caso de Belford Roxo.

Observa-se, nesse período, que as novas informações sobre o assunto, por meio da bibliografia francesa ou de relatos de viagem à Europa, eram, por vezes, assimiladas e difundidas com o ímpeto de ostentação e propaganda de novos produtos, sem que isso viesse representar atribuição de novos significados ao contexto do pensamento de um campo de estudo.

É o que atesta a ação de Juliano Moreira, que, pela primeira vez no Brasil, em 1899, aludiu à psicanálise na Faculdade de Medicina da Bahia. No entanto, o que marcou a sua atuação como psiquiatra foi sua notória participação na introdução da psiquiatria alemã no Brasil. A alusão à psicanálise representa, no pensamento do médico baiano, apenas uma fagulha daquilo que principia a delinear-se como psicoterapia.

Se Freud, em 1924, já havia assentado os pilares da psicanálise, alguns autores brasileiros começaram a manifestar sua perplexidade face às investigações de Jean-Martin Charcot. Por ocasião da comemoração do Centenário de Charcot, em 1925, as manifestações de médicos traduziram claramente o que representava, naquele momento para o Brasil, a ação do mestre francês quanto à histeria e ao hipnotismo.

Antecedentes da Psicanálise no Rio de Janeiro

A profusão de textos psicanalíticos no estado do Rio de Janeiro, no período que antecedeu a formação das Sociedades de Psicanálise, sugere destaque para três intelectuais que, de modo muito especial, estudaram e divulgaram as ideias do mestre vienense no Brasil: Julio Pires Porto-Carrero, Gastão Pereira da Silva e Hilário de Neves-Manta.

Passados já os depoimentos da primeira hora psicanalítica no Brasil, quando as ideias freudianas surgiram mescladas por outras técnicas psicoterapêuticas, situa-se, na década de 1930, o pensamento desses autores que puderam depurar as ideias psicanalíticas para difundi-las em diferentes campos do conhecimento: religião, criminologia, política, arte e educação.

Enquanto psiquiatras empenhavam-se em introduzir os conceitos psicanalíticos na atividade clínica junto aos pacientes, pelo fato de não terem sido submetidos à "análise didática", os autores em questão aplicavam por vezes os recursos da psicanálise de modo superficial e apressado, rotulando os pacientes com uma terminologia imprópria. Tudo leva a crer que, sem perceber, faziam da psicanálise uma extensão da clínica psiquiátrica, traduzindo como sintomas os termos que a psicanálise reserva para conotar aspectos da relação específica terapeuta-paciente.

A escolha recaiu sobre os mencionados autores, dada a notória expressão de suas obras no meio intelectual, exercendo influência nos estudiosos brasileiros que os sucederam. Embora médicos, seus textos, versando sobre temas variados, apresentavam como meta principal a difusão da psicanálise, ousando, para tanto, sugerir uma visão de mundo quase que integralmente fundada nas ideias de Freud.

Antecedentes da Psicanálise na Bahia

O trabalho de Arthur Ramos destaca um homem que se tornou psicanalista desde os bancos acadêmicos e obedece a uma orientação segura. Leitor atento das variações do pensamento psicanalítico, Ramos deixou-se por ele conduzir, já na elaboração das primeiras teses acadêmicas: *Primitivo e loucura* para o doutoramento em 1926, e *Sordície nos alienados:* Ensaio de uma psicopatologia da imundície, em 1928, trabalho com o qual obteve o título de docente livre na Faculdade de Medicina da Bahia.

Na tese que lhe conferiu a livre-docência, deteve-se, inicialmente, na caracterização dos doentes mentais que apresentam como sintoma a "sordície", que consiste na "incontinência da urina e das matérias fecais", acompanhada de atitudes variadas face a essas manifestações.

Antecedentes da Psicanálise em Minas Gerais

Em 17 de abril de 1963, instaurou-se em Minas Gerais o Círculo Brasileiro de Psicologia Profunda, seu primeiro nome – Seção de Minas Gerais –, outorgado por Malomar Lund Edelweiss. Compunham também o círculo: Elba de Almeida Duque, Djalma Teixeira de Oliveira, Jarbas Moacir Portela, Antonio Franco Ribeiro da Silva e Eunice Rangel.

Contudo, a questão de filiação fora um problema inicial e que permaneceu por sete anos, até que recebeu a marca da mudança de nome, passando a se chamar Círculo Psicanalítico de Minas Gerais, em 1º de março de 1970, data em que foi novamente fundado, com ata registrada em cartório (Chaves, 1982, *apud* Perestrello, 1988, p. 147).

O momento pré-psicanalítico em Minas Gerais é rico e interessante em seus próprios contornos. Já era meio da década de 1950, quando o Banco da Lavoura criou um serviço médico psicológico de atendimento a seus funcionários, que ajudou muito a desenvolver a aplicação prática da Psicologia em Belo Horizonte, tanto clínica quanto empresarial. Foi a partir dele que se adquiriu um maior interesse pela Psicologia e pela psiquiatria e deu início a um interesse pela psicanálise.

Havia, à época, outro serviço na cidade que congregava muitos psicólogos, o SOSP, que funcionava num prédio anexo ao Instituto da Educação.

Havia outro grupo de psiquiatras e psicólogos, ligado a Mira y López, e também grupos autônomos de psiquiatras centrados nos hospitais psiquiátricos principais da época: o Santa Maria, o Raul Soares, o Santa Clara e a Clínica Pinel.

Em todos esses grupos já surgia lentamente um interesse pela psicanálise, mas não havia ainda em Minas a possibilidade de formação analítica. Alguns pioneiros foram fazer análise pessoal e formação analítica no Rio de Janeiro e São Paulo. Um deles, muito conhecido do público analítico, chamava Hélio Pellegrino, já falecido, que foi para o Rio e lá ficou. O poder, na época, centrava-se nas instituições ligadas à IPA. Outro lugar possível de psicanálise era Porto Alegre e Buenos Aires, mais distante. Assim, havia um terreno fértil, baseado na clínica psiquiátrica e psicológica, que propiciava o interesse pela psicanálise.

Nesse cenário reinante na época, certo dia, no serviço do Banco da Lavoura, Jarbas Portela comunicou a Djalma Teixeira de Oliveira que Elba de Almeida Duque, psiquiatra, havia participado, junto a Halley Bessa, de um congresso de psiquiatria e Psicologia em São Paulo, e lá ambos haviam conhecido alguém interessante, que lhes despertara certa curiosidade. Chamava-se

Malomar Lund Edelweiss, psicanalista no Rio Grande do Sul, que atendia em Porto Alegre e Pelotas e não era da IPA.

Não ser da IPA apresentava certos contornos bem definidos, significava não ser fechado, não ser ortodoxo, super-rígido, exigente, conservador.

A partir daí, viabiliza-se a ideia de trazer para Belo Horizonte um psicanalista e dar-lhe formação analítica. A ideia circula entre Jarbas, Djalma, Elba e Célio Garcia, que decidem que o convite oficial ao professor Malomar para que esse viesse a Minas seria feito por Elba. Feito o convite, a resposta de Malomar foi a seguinte: "organize uma lista de quatro pessoas interessadas em análise didática e eu poderei decidir seriamente em vir para Minas" (Chaves, 1982, *apud* Perestrello, 1988, p. 149).

Consta, pelas próprias palavras de Malomar, que houve: Elba, Djalma e Jarbas. E ele teria resolvido ir assim mesmo, pois percebera que em pouco tempo estaria com os honorários todos tomados, fosse por candidatos à formação ou pessoas que apareceriam apenas interessadas na análise pessoal. É interessante notar que esses candidatos conheciam quase nada de Malomar e de seu trabalho como analista, a não ser, certamente, por informações que ele deve ter dado a Elba em São Paulo e por sua vinda a Belo Horizonte em 1959-1960, quando esteve na Associação Médica.

Parece ter pesado na escolha o fato de que ele não era filiado à IPA e que, portanto, praticava uma psicanálise não ortodoxa, mais aberta, além de ter sido analisado em Viena por Igor Caruso, o fundador do Círculo Vienense de Psicologia Profunda. Assim, a linguagem paterna, que se faz linhagem, acontece no percurso da análise pessoal da seguinte maneira: os iniciantes da psicanálise em Minas Gerais se analisavam com Malomar Lund Edelweiss (1963-1966), que teria se analisado com Igor Caruso (1954-1955 e 1968-1969), que teria se analisado com Victor-Emil von Gebsatell (1944-46), que teria se analisado com Freud e participado de seus grupos de estudo (1912-1913) (Chaves, 1992, p. 115).

Consta ainda que Caruso teria feito supervisão clínica com August Aichhorn, mais ou menos no mesmo período de sua análise com Gebsatell. Aichhorn teria também se analisado com Freud. Essas análises, feitas com Freud tanto por Gebsatell como por Aichhorn se deram nos mesmos moldes das análises feitas com Ferenczi e outros discípulos. Análises curtas, de seis meses a um ano, muitas vezes sentados ou passeando pelos bosques. Eis aí a filiação fundante do Círculo Brasileiro de Psicologia Profunda – Seção de Minas Gerais.

Conclusão

Qual a função da clínica-escola na contemporaneidade?

Após adentrarmos na história da Psicologia, deparamo-nos com várias de suas fases e seus momentos. A subjetividade do povo brasileiro e suas principais características foram resgatadas no princípio histórico desta pesquisa e deixam clara sua influência na pós-modernidade, compactuando com características citadas da população indígena, escravocrata e europeia.

Enquanto a Psicologia estava de vento em popa nos países norte-americanos e europeus, em especial na Alemanha, no Brasil havia obstáculos.

A partir de vários trabalhos apresentados por médicos na área de saúde mental, constatou-se a necessidade de atuação de uma ciência que aqui era considerada inovadora: a Psicologia. Começamos então a importar saberes sobre essa ciência que nos era, até então, desconhecida.

A Psicologia é uma disciplina que caminha e se modifica rapidamente. A teoria vigente anteontem tornou-se ontem curiosidade histórica; o engenhoso dispositivo de ontem torna-se hoje grosseira ferramenta inútil; e o atraente campo de pesquisa para o qual todos hoje se dirigem parecerá amanhã algo equivocado e desatualizado. A moda das teorias, dos instrumentos e da pesquisa e vários aspectos conotativos do clima psicológico geral, sutis, mas de grande alcance, modificam-se em um ritmo que pode parecer alarmante para o psicólogo. Pois o que ele aprendeu há trinta, dez, ou até mesmo dois anos atrás tende a tornar-se hoje inapelavelmente superado.

Há, realmente, muita mudança rápida. Os métodos, a orientação, os problemas de pormenor se alteram constantemente. Num certo sentido, contudo, os problemas básicos permanecem os mesmos. O homem sempre esteve interessado em si mesmo. Por milhares de anos tem-se especulado a respeito da natureza humana. Porém, apenas nos últimos cem anos é que pudemos sentir, nitidamente, os efeitos de uma revolução metodológica fundamental no estudo do homem, e, a partir de 1962, mais especificamente no Brasil, surgiu uma lei regulamentando a clínica-escola como fundamental, um lugar privilegiado para a produção desse conhecimento.

Assim, a história recente da cínica-escola se confunde com a história da Psicologia, no sentido de que quando um movimento é formalizado na clínica-escola, ele ganha um impulso que só pode ser interrompido pelo seu próprio êxito na derrubada da posição estabelecida. Quando isso acontece, as artérias desobstruídas do movimento um dia vigoroso e jovem começam a endurecer. A flexibilidade se torna rigidez, a paixão revolucionária da descoberta se transforma em defesa de uma posição e os olhos e mentes começam a se fechar a novas ideias/descobertas. Assim nasce uma nova posição estabelecida. E no progresso de toda ciência há uma construção evolutiva para níveis cada vez mais elevados de desenvolvimento que, somente no caso da Psicologia, a clínica-escola pode proporcionar. Não há, portanto, ponto culminante – nenhum término nem fim, mas um processo interminável de crescimento, à medida que espécies mais novas se desenvolvem a partir das antigas e tentam se adaptar a um ambiente em contínua mudança.

As amplas dependências de uma clínica-escola traduzem a amplitude de possibilidades de pesquisas, deixando transparecer o leque de produção de conhecimentos com os quais a fundamentação dessa ciência chamada Psicologia conta. Ela faz parte do Núcleo de Referência em Psicologia (NUPSI) da PUC-Betim, um espaço onde as mais diferentes práticas têm lugar. O NUPSI abriga, além da clínica propriamente dita, os laboratórios e núcleos de estudo e pesquisa do curso: Laboratório de Psicologia Experimental, Laboratório de Avaliação Psicológica, Laboratório da Subjetividade, Laboratório de Estudo de Práticas Sociais, Laboratório do Trabalho, Laboratório de Psicologia e Educação, Laboratório de Estudo de Clínica Social e Serviço Integrado de Assistência ao Trabalhador, bem como Orientação Vocacional e Psicologia Jurídica. A clínica-escola oferece também à comunidade assistência psicológica nas mais variadas modalidades e abordagens, além de serviços de consultoria, planejamento, cursos de extensão, todos abertos à comunidade acadêmica e à população de Betim e região.

O estágio de extensão leva o aluno (estagiário) a conviver na realidade da comunidade betinense, no sentido de atuar de várias formas, uma delas está no trabalho com portadores de sofrimento mental, que se exemplifica a seguir.

O estagiário dispõe-se como Acompanhante Terapêutico (AT), e, através desse acompanhamento, procura entender o sujeito em sua subjetividade, acompanhando-o em sua rotina, por alguns dias na semana, fazendo que o sujeito pertença à sua cidade. O estagiário atua de forma a acompanhá-lo no cinema, *shopping*, banco, ou mesmo na área central da cidade, fazendo que a população reveja o seu conceito frente ao sujeito portador dessa patologia, proporcionando-lhe, dessa forma, uma liberdade assistida.

Tem-se, também, a casa-dia, no Centro de Referência em Saúde Mental (Cersam), onde o estagiário passa o dia, propiciando aos portadores de sofrimento mental a oportunidade de confeccionar artesanato e adestrando suas mãos para a produção de peças artesanais. Ao final de cada semestre, a prefeitura cede suas dependências para uma mostra desses trabalhos, por meio de um bazar cujo dinheiro arrecadado é revertido em benefícios a essas entidades.

Há estagiários que atuam com as famílias desses sujeitos, proporcionando-lhes estrutura emocional para que tenham condições de ampará-los adequadamente.

Através dos trabalhos realizados pelos estagiários da PUC-Betim e seus orientadores, a cidade de Betim alcançou o título de referência nessa forma de produção de saúde.

O desenvolvimento científico da Psicologia através da clínica-escola vai além da educação formalizada, conteudista, centrada na transmissão de conhecimentos e apenas em algum grau de desenvolvimento de habilidades profissionais.

Diante da atualidade, com as práticas emergentes em Psicologia, a ideia de flexibilização como desenvolvimento do trabalho "clínico", oriundo da clínica-escola, é, pois, algo privilegiado. Esse processo aparece como resposta à multiplicidade de elementos que permeiam a atividade/atuação. A clínica-escola como *setting* flexível para o acolhimento de diferentes classes sociais, em diferentes espaços de trabalho, pode realizar ainda mais, uma adaptação dos futuros profissionais e dos procedimentos, aproximando-os, certamente, da criatividade, da inventividade, bem como capacitando o aluno e aprimorando a ação psicológica neste mundo globalizado/contemporâneo.

Particularmente, o que a clínica-escola proporciona aos alunos é a sensibilidade humana e social, o sentido de justiça, a solidariedade e a capacidade de assumir posições. O conjunto dessas habilidades pode se somar à persistência, à capacidade de problematização e de reflexão personalizadas, ao olhar crítico e reflexivo sobre a realidade social e muitas outras.

A utilização efetiva da produção científica em Psicologia para estruturar estratégias e ações intencionais para a formação pessoal dos psicólogos implica necessariamente em abertura, flexibilidade e audácia para a instituição clínica-escola. Mas, essencialmente, implica um compromisso profissional e social enquanto sujeitos, que lhes permite utilizar suas capacidades, criatividade e energia para contribuir com a mudança da situação atual e da formação.

A clínica-escola é uma expressão que começou a circular no Brasil muito recentemente e que revela uma série de mudanças em curso. Com a abertura política (1979), irrompe a força dos movimentos sociais e a ampliação do conceito político, bem como a crítica à neutralidade da clínica. Sabemos que a clínica no país, até pouco tempo atrás, era definida como atividade liberal e privada, desenvolvida junto às classes médias e altas. Seus objetivos eram, sobretudo, psicoterapêuticos e/ou psicodiagnósticos, trazendo uma concepção da clínica como um saber/fazer universalizado, associado a uma concepção de sujeito universal e a-histórico.

Diante disso, o conceito de corpo se dá através de uma materialidade em que as técnicas de poder vão investir. Não possui uma abordagem naturalista que acredita no corpo como algo dado e natural. Acredita, sim, que os corpos são capturados pelo poder para se tornarem submissos e dóceis, com o objetivo de aprimorar o controle social. Todo poder age sobre o corpo através de diferentes mecanismos e instrumentos; diante dessa visão do "poder" o sujeito adoece. E diante da subjetividade – modo pelo qual o sujeito, através das práticas, das técnicas e dos exercícios de determinado campo institucional e numa determinada formação social, se observa e reconhece – a clínica-escola faz a experiência de si mesmo, como lugar de saber e de produção de verdade, no sentido de "conhecer" esse homem, suas mudanças, suas ideias e seu caminho percorrido. Sendo assim, os processos de subjetivação fazem-se de maneiras distintas, em diferentes épocas, produzindo modos de existência próprios. O indivíduo que encontramos na clínica-escola é constituído enquanto sujeito de saber e resultado de relações, moldado pelas disciplinas. Essa forma de abordar o sujeito produz um olhar crítico sobre as formas de sujeição do homem, em diferentes campos institucionais e nas estratégias dos discursos. Além disso, desconstrói a ideia do sujeito transcendental, portador de uma essência perene e defende que o sujeito é imanente às particularidades culturais, constituído por práticas reais atravessadas pelo social e pelo histórico.

Essa prática que se propõe através da clínica-escola, em certo sentido alternativa, nasce como uma prática que pretende se realizar de forma muito mais ampla, e isso fica claro através das entrevistas[1] em anexo com profissionais que atuam nos estágios de extensão. A realidade dessa prática amplia-se, abrangendo o social, que outrora era destituído de atendimento psi.

É certo que a clínica-escola se depara com grandes desafios cotidianos, bem como problemas. Esses assuntos são relevantes ao pensá-la como produtora e formadora de conhecimento. Oportunamente, valerá a pena construir outro estudo a fim de tentar buscar caminhos para conhecimento desse tema, e, a partir daí se pensar a clínica-escola.

Neste trabalho o objetivo se centrou no estudo dos aspectos históricos e da importância da clínica-escola como lugar de produção e transmissão do saber psicológico.

Diante de entrevistas com profissionais/professores que atuam "no meio social", juntamente a alunos/estagiários designados pela clínica-escola (NUPSI), fica bem clara sua importância na formação desse futuro profissional, diante da diversidade subjetiva encontrada no meio de trabalho.

Nessas entrevistas, vê-se também, claramente, a motivação dos professores e dos estagiários diante de superações cotidianas

---

[1] *vide* anexo.

e do conhecimento renovado sobre as mudanças dos sujeitos, bem como as subjetividades e os problemas que se deve "enfrentar" em cada "novo sujeito", se é que assim podemos chamar o homem na contemporaneidade, que traz sempre uma renovação e, com ela, novos encontros com problemas cada vez mais recentes – com isso a Psicologia se prepara e se fortalece nesse conhecimento.

Para concluir, o que nos fica claro é que a importância da clínica-escola não está apenas na formação do sujeito, mas também no conhecimento atualizado com que profissionais e estagiários se deparam no dia a dia, nos sujeitos que procuram atendimento nela. Fortalecendo, dessa maneira, não só a Psicologia, bem como o conhecimento, os novos profissionais e a sociedade.

A clínica-escola possibilita também acesso a uma sociedade que tantas vezes cogitou a necessidade desse tipo de atendimento, mas tantas vezes presa a preconceitos deixara de procurá-lo. Hoje a clínica-escola facilita essa realidade e desmistifica tal pensamento, tornando-se assim uma possibilidade.

Em São Paulo (06, 07, 08 e 09 de setembro de 2006), no Congresso Ciência e Profissão, ao ouvirmos as mesas formadas por alunos e supervisionadas por profissionais das áreas, o que ficou claro através das palestras é que muitas universidades ainda não contam com a atuação em clínica-escola. Assim, notou-se que a formação desses futuros profissionais fica prejudicada, face à não experiência supervisionada. Diante disso, percebe-se a "superioridade" no aprendizado daquele aluno que tem para si a possibilidade de formar-se em uma clínica-escola.

Referências bibliográficas

ALCHIERI, J. C. *Avaliação psicológica:* Conceito, métodos e instrumentos. São Paulo: Casa do Psicólogo, 2004. (Coleção Temas em Avaliação Psicológica).

ANTIPOFF, D. I. *Helena Antipoff*: sua vida, sua obra. Rio de Janeiro: José Olympio, 1975.

ANTUNES, M. A. M. *A Psicologia no Brasil*: Leitura histórica sobre sua constituição. São Paulo: EUDC/Unimarco, 1999.

ANTUNES, M. A. M. (Org.) *História da Psicologia no Brasil*: Primeiros ensaios. Rio de Janeiro: EdUERJ/Conselho Federal de Psicologia, 2004.

CABRAL, A. C. M. A Psicologia no Brasil. *Boletim da Faculdade de Filosofia Ciências e Letras da Universidade de São Paulo*, v. CXIX, n. 3., p. 9-51, 1950.

CARVALHO, L. R. de. *As reformas pombalinas da instrução pública.* São Paulo: Saraiva-EDUSP, 1978.

CERVO, A. L.; BERVIAN, P. A. *Metodologia científica.* 5. ed. São Paulo: Prentice Hall, 2002.

CONSELHO FEDERAL DE PSICOLOGIA. *Dicionário biográfico da Psicologia no Brasil.* Rio de Janeiro: Imago, 2001.

FREUD, S. Psicanálise silvestre. *In: Edição Standard Brasileira das Obras Psicológicas Completas.* Rio de Janeiro: Imago, 1976. v. XI, p. 205-216.

GINSBERG, A. M. Impressões do primeiro congresso brasileiro de Psicologia. *Arquivos Brasileiros de Psicotécnica*, v. 6, n. 2, p. 105-108, 1954.

_____. Os primeiros congressos brasileiros de Psicologia e a participação de psicólogos brasileiros nos congressos internacionais. *Boletim de Psicologia*, v. 16, n. 69, p. 81-83, 1975.

GUEDES, M. C. (Org.) *História e historiografia da Psicologia*. São Paulo: EDUC, 1998.

GUEDES, M. do C.; CAMPOS, R. H. de F. (Orgs.). *Estudos em história da Psicologia*. São Paulo: EDPUC, 1999. p. 153-180.

LOURENÇO FILHO, M. B. Psicologia no Brasil. In: AZEVEDO, F. (Org.) *As ciências no Brasil*. São Paulo: Melhoramentos, 1955. vol. II, p. 263-96.

_____. (1969) A Psicologia no Brasil nos últimos 25 anos. *Arquivos Brasileiros de Psicologia Aplicada*, v. 23, n. 3, p. 143-151, 1971.

MASSIMI, M. *História da Psicologia brasileira*: da época colonial até 1934. São Paulo: EPU, 1990.

MOKREJS, E. *A psicanálise no Brasil*: As origens do pensamento psicanalítico. Petrópolis: Vozes, 1993.

PERESTRELLO, M. *Primeiros encontros com a psicanálise*: Os precursores no Brasil (1899-1937). Rio de Janeiro: Efeito Psi, 1988.

PERESTRELLO, M. & FIGUEIRA, S. A. *Efeito psi:* A influência da psicanálise. Rio de Janeiro: Editora Campus, 1988.

PESSOTTI, I. Dados para uma história da Psicologia no Brasil. *Psicologia*, v. 1, n. 1, p. 1-14, 1975.

ROSAS, P. *Mira y López*: 30 anos depois. São Paulo: Vetor, 1995.

VILELA-JACOB, A. M. (Org.) *Eliezer Schneider*. Rio de Janeiro: Imago-CFP, 2001.

Anexos

Entrevistas

Profª Jacqueline de Oliveira Moreira – Psicóloga, ms. Filosofia, drª Psicologia clínica

Sueli: Jacqueline, desde quando a clínica-escola está em funcionamento?

Jacqueline: É difícil lembrar, mas eu acho que é desde 2000 ou 2001.

Sueli: Qual a identidade inicial da clínica-escola?

Jacqueline: Pois é, a ideia inicial não era ser uma clínica no sentido só do consultório, era ser um núcleo de referência em Psicologia, por isso o nome é esse, e o núcleo de referência a ideia era que a gente oferecesse um espaço de internação que fosse clínico ou não clínico, um espaço de assessoria, um espaço de formação que a gente pudesse trabalhar na formação dos futuros profissionais, então não era uma ideia, ela expandiu o dever de clínica-escola.

Sueli: Qual é o modelo, a estrutura do trabalho hoje nela?

Jacqueline: Ah, pois é! Eu esqueci mais um elemento que era o da pesquisa. A gente tinha quatro frentes de trabalho: a intervenção, a pesquisa, a formação e a assessoria. A gente queria esses quatro. Você me perguntou, eu lembrei da pesquisa, porque isso funciona lá nos laboratórios de pesquisa, tem pesquisas assim na área do trabalho, na área da Psicologia social com adolescentes, ela tem o funcionamento da intervenção, a gente atende lá famílias, crianças, adultos, oferece assessoria a outros lugares, atende outros lugares, tem parcerias, tem a formação, nós temos o curso de aperfeiçoamento em Psicologia clínica, temos o curso de extensão que também são da clínica. Então, ela hoje funciona com um pouco do cronograma que a gente idealizou, ainda tem mais a ser concretizado, a gente ainda pode fazer mais coisa, mas ela não ficou restrita, como nas outras escolas que ficam só no atendimento.

Sueli: Qual é a relação da clínica-escola com a estrutura acadêmica?

Jacqueline: Bem, ela é um ponto decisivo para a estrutura acadêmica, porque ela possibilita a formação completa do aluno e do professor também, porque ela pode ser um espaço flexível para o professor e o aluno, o que tem na sua formação, o ensino, a pesquisa e a extensão, e a clínica oferece estas três coisas (o ensino, a pesquisa e a extensão).

Sueli: E como ela se apresenta na formação profissional?

Jacqueline: Na formação profissional ela até é uma exigência do Ministério da Educação, porque um aluno, para ser psicólogo, ele tem que ter uma experiência de estágio supervisionado, e lá você tem esse espaço de estágio supervisionado. Então ele é definido.

Sueli: Quais são os serviços oferecidos aos clientes, você já falou para nós, né?...

Jacqueline: Tem o atendimento à família, individual, a criança, adulto, grupo de criança, psicodiagnóstico, idoso apesar de não funcionar lá, mas às vezes funciona, parceria com a fisioterapia, parceria como direito (SAJ).

Sueli: E a articulação dos serviços com a comunidade?

Jacqueline: Bem, é até interessante isso, porque quando nós viemos para cá, não havia um espaço que atendesse, do ponto de vista psicológico, a comunidade, porque o que você tinha basicamente era o CERSAM, CERSAM/CERSAMI, e você tem as UBS, as Unidades Básicas de Saúde. Só que, o quê que aconteceu, nós viramos referência. Então, às vezes, nós nem damos conta da demanda que vem para gente que a comunidade manda, e como o CERSAM só atende psicose e neurose grave, o resto da humanidade inteira que não está nisso vem para gente, então a gente presta muito serviço para a comunidade. Às vezes a gente consegue algumas parcerias com a comunidade, tenta muito com o CERSAM, a gente recebe às vezes clientes que precisam de medicação, eu mesmo acompanhei o caso de uma moça que entrou na clínica, quando a clínica era do lado de fora, não era dentro do *campus*, ela tinha outras características, dentro do *campus* ela cria uma identidade própria. Então quando ela era na rua, às vezes a pessoa passava na rua, via e entrava, e entrar na universidade é um pouco mais complicado. Então essa moça entrou lá, ela é uma moça psicótica, e nós assumimos o caso, mas em parceria com o CERSAM, ligamos para a Cláudia Generoso, ela assumiu, então a gente tem isso, mas existe mais articulação da clínica para a comunidade do que a comunidade para a clínica. A gente oferece mais coisas para a comunidade do que a comunidade para a gente. E tem a comunidade universitária também, a clínica também atende a comunidade universitária com a urgência subjetiva.

Sueli: E como é o modelo pedagógico do curso de Psicologia e como é que a clínica-escola se insere nesse modelo?

Jacqueline: O curso de Psicologia da PUC-Betim pretende formar psicólogos no sentido amplo da palavra, é um curso generalista, mas que tem um enfoque crítico-social. A gente quer que nossos psicólogos saibam fazer uma crítica da realidade social brasileira e se posicionar diante dela. A gente não quer formar um psicólogo clínico ou organizacional ou escolar, somente isso, mas um psicólogo que saiba pensar sobre o que está vivendo e o quê que ele pode fazer nessa realidade. E a clínica, ela se insere perfeitamente nisso, exatamente porque ela amplia essa ideia de clínica-escola, porque ela coloca como um núcleo de referência, e mesmo o conceito de clínica que a gente tem, não é clínica como consultório e sim como uma posição ética diante dos problemas subjetivos.

Sueli: Houve mudanças no modelo inicial da clínica-escola?

Jacqueline: Do modelo inicial para hoje... Eu acho que o que houve é que a gente idealizou mais que o núcleo de formação, de assessoria e pesquisa fossem maiores do que eles são, e o que acontece é que exatamente a demanda do ensino, dos estágios curriculares, ela acaba tomando mais espaço, eu acho que isso que aconteceu assim. Existe o espaço da assessoria, da pesquisa e da formação, mas ele é muito menor do que a gente idealizou no início. O estágio supervisionado ocupou o espaço da clínica.

Sueli: Há ajustes que ainda devem ser feitos?

Jacqueline: Eu acho... eu acho que devem ser feitos mas não é uma questão só da nossa clínica não, eu acho que tem que mudar a mentalidade do que seja a Psicologia, o que seja a clínica, mudar essas posições conceituais que aí você consegue ter uma clínica mais ampla, que circule mais gente, que trabalhe mais com pesquisa. Então, os núcleos, por exemplo de estudo..., os núcleos de estudos que funcionam muito são o de trabalho, o psicossocial, o de psicodiagnóstico e o de análise mental ou do comportamento. A gente tem um núcleo de subjetividade que não funciona muito, e o núcleo de clínica social que não funciona muito. Então eu acho que mudando um pouco esses preconceitos que a gente tem em relação à Psicologia, de que a Psicologia tem que ser uma clínica, de consultório ou organizacional na empresa, mudando isso, acho que a gente pode mudar mais ainda o perfil da clínica, do NUPSI.

Prof° Renato Diniz Silveira – Psiquiatra, ms. Psicologia, ddo. educação médica (UFMG)

Sueli: Qual a sua visão da clínica-escola?

Renato: Na verdade, eu acho que [é] a noção de clínica dentro de uma escola né? Porque clínica-escola, ela é uma noção, no meu entender. Até um certo tempo atrás ela se restringia muito aos domínios da universidade em relação à cidade. A cidade vinha até a universidade e isso era superimportante para o processo de construção do conhecimento e da prática profissional. Com o advento de novas frentes de trabalho do profissional psicólogo, principalmente no campo, por exemplo, que eu estou mais familiarizado, que é o campo da saúde mental. Apenas esse tipo de treinamento, ele não é suficiente, que dizer, ele é indispensável, eu não acho que uma clínica que se quer dizer ampliada, ou uma clínica que se coloque no social, que ela fique sem a necessidade de certa formalização de um espaço clínico para articular as ideias, mas que deve haver uma, um esclarecimento por parte do graduador, principalmente no curso de Psicologia, que [é] a prática do psicólogo dentro da saúde mental, ela vai muito além da prática dentro de um consultório, ela envolve saberes sobre a cidade, ela envolve saberes sobre a comunidade, ela envolve saberes sobre relações familiares, ela envolve saberes sobre política, quero dizer, é um saber que se coloca diretamente na cidade, e se a universidade não abrir as portas e conduzir o aluno, porque aí eu estou dizendo conduzir, pois o aluno não pode ser simplesmente colocado na cidade para trabalhar, ele tem que ir sob supervisão, para trabalhar que ele tenha uma noção de como que é a chegada num campo complexo, às vezes até pra quem já trabalha nele, nem sempre as pessoas que trabalham numa noção clínica, fora dos moldes tradicionais do consultório, isso ainda está em construção, saber é uma construção, realidade social é uma construção, que se renova a cada dia, é a contemporaneidade que coloca desafios para nós, novos sintomas aparecem, novos problemas aparecem, os profissionais psicólogos estão cada vez mais lidando com coisas que a gente nunca viu. Nós estamos no século XXI e a gente não sabe o que vai aparecer para nós daqui uns séculos, mas é tão importante que a gente coloque o aluno da universidade em sintonia com o movimento social, com todos os movimentos sociais, aí eu acho que não é só falar de uma prática, por exemplo, de reforma psiquiátrica, ou de centro de referência da saúde mental, é mais abrangente que isso, é escutar um pouco o social, escutar as manobras políticas, isso tem a ver com eleições, isso tem a ver com o que transita o aluno dentro da política, e a formação dele é profissional, é como é que ele vai se postar, a postura crítica dele frente ao que ele está vivendo na cidade, quer dizer, isso para que ele consiga encontrar melhor, escutar melhor o seu cliente, porque se ele comunga dessa realidade que cliente comunga isso fica mais fácil para ele, chegar um pouco mais perto dessa escuta. Agora, se ele fica enclausurado ou dentro de um consultório quando ele formar, ou dentro de uma clínica-escola que não faz articulação social, isso não adianta nada, quer dizer, a ideia é que nós temos que nos impor nessa saúde pública como um todo. E no caso da Psicologia, principalmente, que é uma profissão em que a gente vê cada dia mais essa necessidade de que ela se afirme como uma prática social indispensável pra comunidade, quer dizer, a Psicologia tem um valor inestimável, né? Mas para isso nós temos que começar a formar os nossos profissionais dentro de uma realidade social, porque se a gente não colocar a universidade a serviço social, quando o aluno sair daqui, para ele fazer uma inserção social, ele tem que começar a fazer um outro curso, impressionante! Ele vai trabalhar, e ele se vê às voltas com coisas que ele nunca viveu, por exemplo: "Ah, não tem carro para levar o paciente em tal lugar, como é que a gente faz?". Se ele é um aluno que está participando já desse movimento, ele já começa a se interessar. Um dos resultados que a gente tem com a nossa experiência aqui em Betim sobre essa clínica ampliada é o numero de contratações que tem logo após a formatura, de alunos recém-formados, a gente pensaria: "Nossa! Mas os alunos não têm experiência". É, mas porque eles ficaram um ano, um ano e meio dentro dos serviços, que eles estão muito melhor capacitados às vezes do que profissionais que tiveram outro tipo de formação, e que cai nessa lógica de paraquedas, quer dizer, eu tento formar os alunos, muito para a realidade do trabalho do município de Betim, porque a faculdade é em Betim, né? Agora, felizmente, a realidade de Betim acompanha a saúde mental em Betim, ela está alinhada com os avanços de Belo Horizonte, do Brasil inteiro e até do mundo. Então, se nós temos aqui um serviço de saúde mental que se alinha com as pretensões internacionais, quer dizer, nós estamos com a faca e o queijo na mão. Como fazer uma universidade sem ter opção? Ainda mais uma cidade do interior, onde isso é tão mais fácil, porque em Belo Horizonte eu tenho colegas que tentam articular isso e tem muito mais dificuldade, por problemas políticos. Então eu acho que a noção de clínica-escola, ela é uma noção, para mim, que não acaba nunca. Eu acho que quem está na clínica deveria sempre estar na escola, não sei se exatamente na maneira formal, porque tem gente que fala assim: "Ah, mas eu quero trabalhar só no consultório, eu não quero ensinar".

É verdade, tá certo, está entendido, mas será que a gente não poderia pensar que esse profissional que está no consultório, de alguma maneira, ele tem que ter uma ligação com a educação na medida em que ele tem que se atualizar, se informar sobre o mundo, ver que estratégias estão sendo usadas para os tratamentos, quais psicoterapias que estão evoluindo, que artigos estão existindo sobre a psicoterapia? Então eu não acredito muito nessa dissociabilidade entre clínica e escola, eu acho que nós sempre estaremos na perspectiva de clínica-escola, desde a escola, desde a universidade, que vai puxando a clínica, e depois quando a clínica chegar, que a gente não larga a escola, porque a escola, ela é um meio da gente nunca ficar satisfeito com o conhecimento que a gente constrói todos os dias. Então é assim, eu acho que a diferença grande que eu vejo, eu estive em um Congresso em São Paulo e vi alunos do Nordeste, que na faculdade de Psicologia deles não tem nenhuma clínica-escola dentro da faculdade, o que é uma prática quase que exigida, se não me engano é exigida pelo conselho, eles não têm isso. Agora que só uma prática supervisionada fora da faculdade, isso é muito trabalhoso, manter um programa desses, mas eu não acredito numa formação de saúde mental, por exemplo, que não leve em consideração o ritmo da rua.

Eu aprendi mesmo, foi indo à casa das pessoas, reconhecendo a inserção delas na comunidade, tendo menos preconceitos com as doenças mentais, acreditando mais no potencial das pessoas, mesmo aquelas que diziam para mim que não davam conta de nada, eu só aprendi isso saindo da faculdade, foi só com projetos que eu também vivi na minha formação de saída mesmo, eu já tive uma formação totalmente formada para fora do hospital, que quando eu me formei, já havia consensos que o hospital psiquiátrico era um lugar falido para aprender. Então eu já pensei que o melhor jeito era promover um tipo de educação, onde pudesse haver um gostinho dessa prática social. Eu acho que, essa semana mesmo, os alunos foram a Barbacena e voltaram muito desanimados, falando: "Ah, não achei que foi bacana o passeio". E eu falei: "E por que não foi bacana?". "Ah, porque a gente viu que os pacientes eram maltratados, parece que eles não são importantes." "Então a visita cumpriu o que se queria."

Quer dizer, mostrar que esse modelo não é um modelo interessante, agora, como é que eu mostro isso apenas falando da minha experiência? Parece que o aluno tem que ir lá a Barbacena ver que o negócio não funciona, voltar aqui e falar: "Então, professor, o que funciona?" Quer dizer, é o estabelecimento de um pensamento crítico sobre a realidade social.

Profª Vânia Carneiro Franco – Psicóloga, coordenadora do curso de Psicologia PUC-Betim e professora da graduação

Sueli: Profª, a senhora que trouxe o curso de Psicologia aqui para Betim. E como a senhora vê, assim, a senhora acha que a clínica-escola responde ao modelo pedagógico ao qual a senhora previa, ou a senhora acha que extrapolou?

Vânia: Eu não sei responder tão direto assim como você está colocando. Na verdade quando fala "eu quem trouxe", a decisão de abrir um curso é prioridade do reitor. E o reitor, ele tinha na época a ideia de formar um *campus* em Betim voltado para a saúde em interação com a comunidade. Então ele convidou o curso de Psicologia para vir para cá. Para ser o primeiro curso para formar essa área da saúde, que depois viriam os outros cursos da área da saúde. E com isso, então, eu fui convidada para fazer o projeto, vindo para instalar aqui. Esse projeto, então, ele tinha já a marca de ter um pedido que fosse voltado para a comunidade e a comunidade local. E ele também constituiria essa questão do *campus* da saúde. Então ele foi concebido dessa forma, de ter uma formação que se preocupasse com a formação social, que fosse preocupado com o compromisso com a população e, posteriormente, quando já estávamos instalados aqui no quarto período, nós começamos a pensar o "Projeto da Clínica", que deveria acompanhar a própria proposta do curso. E esse projeto então foi discutido, mas idealizado principalmente pela profª Jacqueline de Oliveira, que fez a primeira proposta para a clínica, não chamando-a simplesmente de "Clínica de Psicologia", mas um "Núcleo de Referência em Psicologia", que não estaria somente ligado ao atendimento clínico individual, pelo contrário, mas uma proposta de clínica que hoje as palavras mais usadas são a "clínica ampliada", a "clínica social" e, também, um centro onde se pudesse oferecer assessoria interna e externamente à universidade, que oferecesse cursos, que

99

oferecesse outras modalidades de acolhimento para a sociedade e aqui para nós.

Sueli: E mesmo assim a senhora acha que deu certo, com certeza, porque a gente vê o resultado bem dinâmico que a gente vê, né? E quanto à formação dos alunos?

Vânia: Olha, tem sido muito interessante, porque a clínica ela não só é o local de muitos fazerem estágio, como também ela oferece cursos e atendimentos para nossos alunos. Essa questão do atendimento dos nossos alunos de Psicologia foi uma questão que sempre preocupou todo o curso, porque não é uma coisa obrigatória e, mesmo não sendo, como que esse aluno querendo ele vai ter esse recurso às vezes muito caro? Então ofereceu[-se] um curso de aperfeiçoamento que os alunos que já são formados têm ainda uma possibilidade de ampliar a sua prática na Psicologia e atender o nosso aluno. Então, criaram-se mecanismos até para isso, para esse atendimento do aluno que não era previsto e é difícil de ocorrer.

Sueli: Quer dizer, até os alunos se submetem ao atendimento psicológico também...

Vânia: Dá oportunidade para ele, né? Não é obrigatório, mas muitos têm a necessidade e a gente incentiva, principalmente aqueles que querem fazer o atendimento clínico, quase que necessário que ele faça também.

Sueli: Esses psicólogos que atendem os alunos normalmente já são formados, né? (É, são alunos formados.) E esses alunos formados já são do nosso curso aqui?

Vânia: Do nosso curso ou de outros cursos...

Sueli: Ah, pode ser também...

Vânia: É, o curso de aperfeiçoamento é aberto. Então, tá vendo, a clínica, ela é um centro de referência, ela não é simplesmente o atendimento tradicional do psicólogo.

Sueli: Não é só uma "clínica-escola", ela é mais assim...

Vânia: Não, eu acho que pelo contrário, ela é uma clínica-escola, e, como clínica-escola, ela tem uma visão muito mais ampla.

Sueli: E essa articulação do serviço com a comunidade, o que ela tem?

Vânia: Como assim... eu não entendi...

Sueli: Por que, assim, o que a gente vê não é só alunos, né? Que participam dessas terapias, pelo contrário, a grande demanda da clínica aqui é bem do social, é a comunidade participante e tudo...

Vânia: É, então, nós temos, a população em geral [que] pode procurar a clínica, como nós já temos algumas parcerias que nos mandam clientes, como, por exemplo, o CERSAM, que ele tá voltado para os casos de psicose, então todos os outros casos, eles têm enviado para nós, principalmente os casos de neurose, e às vezes outros também; as escolas mandam muitos clientes para nós, e a própria prefeitura. Então já se criou na população essa via de possibilidade de procura, e quase que nós já não precisamos mais de fazer... como é que eu falo... uma informação para comunidade, que ela já procura e quase que esgota nossas possibilidades de atendimentos.

Sueli: Inicialmente, como é que foi esse contato com o social? Se [sic] tencionava já trabalhar com a comunidade?

Vânia: Deixa só eu te corrigir, não é com o social, é com a comunidade.

Sueli: O social que eu digo assim, lá de fora, de fora do nosso contexto aqui da academia...

Vânia: É a comunidade externa da universidade, todos nós somos sócias.

Sueli: E, assim, desde o princípio já tinha isso como objetivo?

Vânia: Já. Já tinha isso como objetivo e nós estamos cumprindo esse programa. Ele foi ampliando também à medida que o curso foi avançando. Porque ele começou no quinto período, com os alunos e depois à medida que o curso foi avançando ele foi ampliando a forma de funcionamento, de projetos oferecidos, e aí fica benfeito, mas o norte é o mesmo.

Sueli: E como que se deu assim esse contato mesmo da universidade?

Vânia: Olha, nós fizemos, quando nós abrimos a clínica, nós fizemos um processo de informação de todos os órgãos e da comunidade sobre a existência desse serviço que a universidade estaria oferecendo.

Sueli: Por isso o surgimento dessas parcerias também...

Vânia: Também... É fruto dos trabalhos dos alunos e dos professores, que vão fazendo contato, e trazendo, e visitam essas instituições e a gente vai trazendo para a clínica.

Sueli: E da coordenação também, né...

Vânia: E da coordenação também, que incentiva, né... Mas tudo é um conjunto.

Sueli: Mas vocês da coordenação viram essa possibilidade e trouxeram experiências já.

Vânia: É, nós fizemos o projeto, e pusemos em andamento esse projeto. E esse projeto é corrigido à medida que a gente vê falha. Nós temos até um cartão, top card, que nós fizemos para a época de informação, se você quiser eu posso te dar um... Que foi o primeiro que nós usamos de informação, de fora as visitas, essas coisas todas que nós tivemos para informar sobre a clínica. Nessa época a clínica, para começar, ela alugou uma casa fora dos muros da universidade, até que posteriormente foi construído aqui dentro, mas na época ela funcionava numa casa da comunidade, na Rua do Rosário, lá mais no início.

Sueli: Houve mudanças iniciais?

Vânia: Há sempre mudanças, porque a primeira coordenação foi feita pela prof[a] Jacqueline, depois ela foi substituída pela prof[a] Andréia, e agora pelo prof[o] José Tiago. E cada um que chega imprime um pouco das suas ideias e vai ampliando o projeto original. Então ele é uma continuação sempre dinâmica, e também à medida que ele é frequentado e outros veem, a gente vai vendo novas necessidades, novos projetos... Eu acho que o projeto original era de abertura, o acolhimento de novas ideias, e esse continua...

Sueli: E daí, é lógico, a gente vai se atualizando sempre, corrigindo os defeitos, tentando aprimorar sempre, por isso a qualidade da clínica-escola. Quanto às indicações que perpassam a clínica-escola do Coração Eucarístico e do São Gabriel.

Vânia: É, nesse caso aqui a região era, vamos dizer, um pouco desprovida de recursos de Psicologia, então a clínica acabou virando uma referência e quase que um prolongamento de serviços da prefeitura, então ela acaba tendo esse caráter, mesmo não sendo a proposta dela, mas tem um prolongamento.

Sueli: E o modelo pedagógico do curso, mesmo de Psicologia, como é que a clínica-escola se insere nesse modelo?

Vânia: Olha, a clínica-escola ela não é um modelo à parte, ela faz parte do projeto do curso, e, aliás, isso é um grande ganho nosso, que ela trabalhe conjuntamente com a parte prática e teórica do curso, elas andam completamente em conjunto. Então, ele não se insere, ela é o projeto do curso. Ela faz parte dele, e, de um modo geral, todos os cursos têm que funcionar assim, é por lei. Para um curso funcionar, ele tem que ter uma clínica-escola, e a nossa clínica é parte do nosso projeto pedagógico, não tem jeito de existir separado. Nem ela existe separado, nem nós existimos separados. Aliás, eu nem vejo sentido em falar no curso sem a clínica-escola, não existe isso.

Sueli: E desde quando a clínica está funcionando aqui dentro do *campus*?

Vânia: Olha, eu não sei precisar a data. O nosso curso foi fundado em 1999, durante quatro semestres nós não tínhamos clínica, porque não havia quem atendesse, nós não tínhamos alunos. No quinto semestre do curso, nós começamos a idealizar essa clínica, no sexto semestre foi alugada a casa, então, quer dizer, em

2002 foi alugada a casa na Rua do Rosário, e ela funcionou lá até quase a formatura da primeira turma, que se formou em 2004. Até o primeiro semestre de 2004 ela funcionou, e a partir de 2004 ela veio para o *campus*.

Sueli: E as expectativas iniciais, deram certo?

Vânia: Estão dando e estão indo além. Porque ela sempre teve muita atenção dos professores, dos seus coordenadores e eu acho que ela está indo além, está crescendo, tanto na qualidade quanto na abertura de atendimentos e possibilidades também.

Prof[a] Nádia Laguardia – Psicóloga, psicanalista, ms. educação, dda. educação (UFMG)

Sueli: Como você vê a clínica-escola?

Nádia: Eu acho que a clínica-escola é muito importante para a professora supervisora, que eu tenho atendido muito, porque é uma clínica em extensão, com as mesmas características de um consultório, tem uma população bem diferenciada – a forma como essa clientela chega à clínica é diferente, as demandas também são diferentes, o fato dos clientes estarem buscando uma clínica dentro da escola. E aí imaginar que vem em função dentro de uma universidade, muitas vezes as transferências são com a universidade e não a pessoa que atende, não pergunta quem vai atender, não importa, contanto que seja alguém da universidade. Então, tem uma série de características próprias. E tem umas características que são próprias da clínica psicanalítica com criança, que já é uma clínica que tem as suas especificidades. Então, uma delas, isso independente de ser um consultório ou clínica-escola, mas já tem alguns atravessamentos, é uma clínica que já foge um pouquinho daquele padrão de clínica, de consultório, do atendimento do adulto. Por exemplo, uma das questões que a clínica da criança tem é o fato da criança não chegar com uma demanda própria, como no caso do adulto. Então, os pais é que levam as crianças, a demanda normalmente é dos pais. Então isso já implica um atravessamento que a gente vai ter que aprender a manejar com eles, que é essa presença dos pais. Quem está formulando essa demanda, com quem que é a demanda, se é para a criança mesmo. No caso de uma clínica-escola, a gente vê, por exemplo, que além dos pais existem outros atravessamentos também, então existe muitas vezes o pessoal da equipe de saúde, posto de saúde, hospital, que está encaminhando para a escola, para a clínica-escola. Então tem uma série de demandas, nem sempre as demandas são dos pais, às vezes é demanda de escola, de hospital, de posto de saúde e tal. Bom, de qualquer maneira, a gente vai trabalhar com uma diversidade de demandas. E a clínica da criança tem essa particularidade mesmo, tem essa diversidade de demanda mesmo, e às vezes a própria criança não tem a demanda, então a gente vai esperar um tempo para que a criança formule a própria demanda. E é uma clínica-escola, o aluno tem um tempo limitado para atender, quer dizer, quatro meses, cinco meses, não são seis meses, então a gente tem um tempo de entrevistas preliminares com os pais, porque a gente não sabe, cada caso é um caso, quantas entrevistas serão, depois um tempo de entrevista com a criança, e esperar que a criança formule uma demanda própria de tratamento. Então pode coincidir que a criança tenha muito tempo para o aluno do estágio, e formule uma demanda própria de tratamento e entre em tratamento, propriamente analítico, vamos dizer assim. Mas pode acontecer que não, então durante esse tempo de estágio o aluno tenha só entrevista com os pais, ou às vezes a entrevista com os pais e algumas com a criança, e criança nem tem uma demanda e ainda nem acabou o estágio. Então são algumas particularidades dessa clínica-escola, e que a gente tem que aprender a lidar com isso, porque na verdade, assim, a gente tem que transportar essa clínica para o consultório, e achar que a gente tem que trabalhar sempre com um modelo de consultório, mas a gente tem que pensar em novos modelos, a partir do momento que surgem novas demandas. E dar a possibilidade, por exemplo, de crianças que não vão chegar no consultório, então são crianças que normalmente não têm condição, às vezes até financeiras mesmo, que os pais não têm como buscar uma ajuda particular, num consultório privado. Então, como atender essas crianças, o que a gente pode oferecer para essas crianças, que possibilidade, no meu caso, que trabalho com o eixo teórico da psicanálise, que possibilidades que a psicanálise tem de intervir, ajudar essas pessoas dentro desses limites institucionais, ou com esses atravessamentos? Então, eu, por exemplo, considero que é uma clínica em construção, a gente aprende com ela eu tenho aprendido, porque são grandes desafios que a gente encontra. Então um dos desafios é esse, tem outros que são particularidades dessa clínica, que é a condição de pagamento. Então, a pessoa que está atendendo é que está recebendo, e a gente sabe que o pagamento, ele tem uma função, ele tem uma importância simbólica. Então, o cliente paga para a clínica, e muitas vezes o aluno não tem controle disso, e às vezes o aluno pergunta para os pais se os pais pagaram, se não pagaram, então isso de pagar e não pagar, mesmo que seja uma taxa simbólica, ele tem uma importância, significa investimento no tratamento. Então, os pais têm condição financeira e não pagam, outros você vê que a condição financeira é muito difícil, mas eles fazem todo o esforço para pagar, dentro das possibilidades e recursos que eles têm, investem no tratamento, a criança não falta ao tratamento. Então esse investimento ele tem uma função, ele é importante, é um pagamento que tem uma importância. Então o fato do pagamento não ser direto com a pessoa que atende, isso já traz alguns desafios para a gente, alguns questionamentos como lidar com isso, tem outras coisas também, desafios que a gente encontra nessa clínica que é, por exemplo, se a criança precisa prolongar esse tempo de atendimento, o estagiário se forma e aí tem um novo estagiário para atender a criança, e a questão transferencial, como que fica? Aquele laço transferencial que a gente sabe que é fundamental para o tratamento? Então muitas crianças desistem, muitos pais desistem, quando ficam sabendo que o estagiário não vai dar continuidade. Então a gente tem aprendido a operar dentro dessas limitações. Eu não sei até que ponto a gente pode dizer limitações e dificuldades, mas novas condições, afinal a gente não pode mais pegar como modelo o consultório. A gente tem que pensar em uma clínica, que não é essa clínica de consultório, uma clínica diferenciada. E ao mesmo tempo o desafio é manter o rigor conceitual, teórico, a ética dentro desse novo conceito. Porque a gente trabalha muitas vezes com uma população que tem muitas dificuldades de toda ordem. Assim, dificuldades materiais, é difícil pagar o ônibus para vir aqui, às vezes nem paga nada à clínica, a clínica também tem essa possibilidade, quem não pode pagar não paga, mas às vezes até pegar o ônibus é difícil. Então o cliente liga e fala que não pode levar o filho hoje porque não tem dinheiro para a condução, e outras situações, que a gente tem visto com muita frequência, de criança que sofre todo tipo de violência, então a gente muitas vezes é tentado a ocupar outro lugar, mais assistencialista, paternalista ou de orientação para essa família, e eu acho que a gente tem essa tentação, mas ao mesmo tempo a gente sabe que não vai possibilitar uma mudança subjetiva, porque não é atendendo essa necessidade que a gente vai sair dela. Então a gente acredita pela psicanálise que a palavra é que supera, assim, as necessidades, então às vezes o cliente até ousa falar dessa necessidade para justificar ele não se aplicar na própria sessão. Então, é porque não tem dinheiro, é porque não pode, então usa dessa necessidade pra justificar essa não implicação de ser mais passivo na vida, de ser mais ajudado, de vítima, então a gente não pode cair nesse jogo. E é um desafio para a gente, porque às vezes a gente vê questões tão frequentes que são da ordem do real, das dificuldades tão concretas e a gente se sente impelido a atender a isso, a esse tipo de necessidade, não é esse o nosso lugar, então é um desafio constante, manter esse lugar um lugar de escuta, que a gente está buscando ali algo de outra ordem, que não da situação da necessidade, e a palavra com o poder de superar isso, para além da necessidade, e a gente sabe que uma mudança subjetiva, ela pode mudar até nesse sentido mesmo, material, de uma pessoa até buscar mais, de sair dessa situação até mais acomodada, e buscar uma posição mais ativa na vida, e isso traz até um retorno material. Então, com toda essa experiência, eu tenho aprendido muito com essa clínica, cada caso é único, porque ainda tem isso, a clínica é alvo para todo mundo, cada caso é único, tem suas características particulares, a gente vai aprendendo com essas particularidades de cada caso, mas, além disso, tem essas outras possibilidades que a gente tem visto hoje, de atendimento fora desse sistema tradicional, do consultório, que são clínicas que, por exemplo, têm clínica-escola, a psicanálise vai atender em hospitais, postos de saúde, escolas, então o que é que a gente pode oferecer em outros campos que vão demandar também. A intervenção do psicólogo, do psicanalista nesses outros campos, nesses outros lugares que a gente tenha isso, então, por exemplo, eu já estive muitos anos trabalhando com crianças com todo tipo de dificuldade, dificuldades múltiplas, portadoras de necessidades especiais, usando o termo da educação, crianças que além de deficiências têm problemas neurológicos, que tinham autismo, psicose, então essa é uma clínica muito difícil, crianças, por exemplo, atendidas por uma equipe multidisciplinar. Então, muitas vezes nosso atendimento é feito com um enfermeiro, mesmo que não seja no hospital, com enfermeiro, com TO (terapeuta ocupacional), com fonoaudiólogo, fora de um consultório, às vezes a gente está atendendo o cliente até na cama, você está trabalhando e muitas vezes ele não fala, então você vai desenvolver um outro tipo de comunicação, você cria junto com ele um outro tipo de comunicação possível, às vezes é virtual, tátil, e você tem outras interferências aí, de profissionais de saúde, às vezes são os cuidadores dessa criança que estão junto, então o que a gente pode oferecer no caso da psicanálise que a gente fala o tempo todo de escuta, então como a gente pode oferecer essa escuta nesse contexto, que é um contexto diferente, que a gente não tem aquela pretensão de consultório particular, que é uma certa pretensão que agente tem, então que possibilidade que a gente tem para essa escuta com quem não fala, às vezes está acamado, para quem está num hospital, e eu acredito que é possível, que é possível muita coisa acontecer aí.

É uma linda experiência, e eu vejo que é uma experiência muito rica, e o retorno que a gente tem, por mais comprometido que seja, por mais incapacitado que ele se mostre, a gente está sempre apostando nesse sujeito, e acho que essa aposta ela é fundamental, mostrando essa aposta o sujeito advém, existem mais possibilidades. Então, esse trabalho, essa aposta, é uma escuta diferenciada, e é um desafio, mas que a gente tem que apostar nela porque ela vai mostrar seus efeitos.

Viviane Amaral Fonseca Pires – Pedagoga, pós-graduada administração escolar, secretária NUPSI (Núcleo de Psicologia)

Sueli: Viviane, há quanto tempo você trabalha na clínica-escola da PUC-Betim?

Viviane: Desde que abriu, em agosto de 2001.

Sueli: E o que você nota de diferença de lá para cá?

Viviane: O espaço físico é totalmente diferente, né, e também o acesso aos alunos, porque dentro do *campus* tem muito mais aluno vindo tanto só visitar, fazer trabalho, passear, e lá não ia quase ninguém por ser longe. Iam só as pessoas que precisam ir para atender, aluno para visitar era muito difícil mesmo. E com relação aos professores também, aqui o acesso também ficou mais fácil.

Sueli: E você vê assim, tirando a estrutura, a forma de atendimento aqui mudou alguma coisa ou você acha que está da mesma forma?

Viviane: Continua da mesma forma, o que muda mesmo é a estrutura, por aqui ter mais espaço físico, então tem mais atendimentos, mas o atendimento em si continua o mesmo, a mesma duração, o agendamento igual, fazendo embaixo, a mesma coisa.

Sueli: E os alunos, por exemplo, nos outros laboratórios que a gente tem aqui, os grupos de estudo, tudo, funcionava também lá?

Viviane: Não, só a parte clínica mesmo, o atendimento clínico, porque lá não tinha espaço. O problema todo de lá era o espaço. Eles tinham só quatro salas de atendimento. Então, imagina, passar para dez. Aqui tem dez salas de atendimentos, três laboratórios, três salas de crianças, tem sala de monitoria, tem sala de professor, tem sala de coordenação, então aqui é bem mais diferente que lá.

Sueli: Houve três gestões da clínica. Você sente diferença ou você acha que elas continuaram seguindo o mesmo padrão?

Viviane: Diferença sempre há, porque de uma pessoa para outra sempre há diferenças, cada professor tem uma gestão de um jeito, mas todos de um jeito que só veio a aprimorar. A Jaqueline, quando começou, a gente ainda tava muito cru, a gente tinha que perguntar tudo como que fazia, a gente que elaborou agenda, lista de presença, cadernos de anotações mesmo, os números, então foi um aprendizado. Com a Andréa Guerra a gente já veio melhorando isso aí, já tava pronto, então os cursos de especialização, que era tudo veiculado à clínica, vieram mais alunos para atender, com a Andréa a gente mudou para cá. Com o José Tiago, ele pegou tudo o que já estava pronto, aprimorou tudo, as normas da clínica elas mudam pouca coisa. Em cada gestão a gente teve o aprimoramento de uma coisa diferente, e eu acho que agora o

José está assim, dentro da universidade. Então, assim, tem muito mais projeto de extensão, a semana da Psicologia ela é toda voltada aqui para a clínica, então aqui a gente faz a inscrição, faz várias coisas que a gente não fazia quando era lá embaixo, quando a gente começou. Porque era uma cosia bem pequena, e agora já está uma coisa bem expandida mesmo.

Sueli: E na sua visão, o que você acha que a clínica fornece aos estudantes?

Viviane: Eu acho que a clínica ela consegue juntar a teoria à prática, apesar de eu não ter feito Psicologia, sou pedagoga, eu vejo muito os alunos chegando aqui morrendo de medo, eles sabem a teoria mas ainda não a puseram em prática. A prática do aluno na clínica é feita aqui, e é feita num espaço gostoso, num lugar com todos os recursos, lá embaixo a gente não tinha os recursos, algumas coisas, então, assim, aqui a prática do aluno ela pode ser total, a prática clínica, de criança, adulto, de família, tem a sala de família, então, assim, é uma estrutura, a PUC dá uma estrutura muito boa e fornece todos os materiais que o aluno precisa para o atendimento clínico. Então, eu acho que é muito importante.

Sueli: E com relação, por exemplo, lá na primeira casa da clínica e aqui, com o envolvimento dos alunos, que estão mais dentro da universidade, você acha que teve uma alteração?

Viviane: Com certeza, lá os alunos achavam que era a clínica, mas não ligavam a clínica à PUC, sabe, chegavam lá e iam tomar café, estudar também. Mas aqui também fazem isso, só que de uma forma diferente, aqui eles sabem que toda hora tem um professor, sempre tem alguém ali supervisionando, lá era assim mais largado mesmo, mas com muito respeito, muita ética, acho que nenhum aluno falta à ética, sempre que tem algum desviando um pouquinho, a gente chama, a gente conversa com o supervisor. Então, aqui é muito mais fácil o acesso da gente com o supervisor do aluno também, lá era feito só pelo telefone, a gente não via, a gente não conhecia, aqui que eu vim conhecer os professores, é diferente, com certeza.

Sueli: Então, o que você me traz assim, os propósitos da clínica só vieram a surgir mesmo, emergir mesmo, depois que veio pra cá, a clínica veio para o *campus*, porque lá ficava meio solto.

Viviane: É, lá ficava meio solto, por estar fora do *campus*, mas era também um espaço gostoso, aconchegante, era uma casa, então, assim, tinha uma coisa de lar mesmo, os meninos iam para lá, não tinham um lugar para eles ficarem, igual aqui tem, eles ficavam na porta, batiam papo, conversavam, tinha uma mesa bem grande onde eles estudavam. Mas eu acho, assim, ficou mesmo uma clínica-escola quando veio para cá, para dentro da escola, então veiculou muito à formação acadêmica deles. Apesar que lá era muito bom, não tenho nada que reclamar de lá não

Sueli: Com certeza, mas, assim, a característica ficou mais acentuada quando abriu a clínica mesmo?

Viviane: Quando veio para cá e todos viram que tinha, porque quem sabia que tinha a clínica começava a atender lá. E depois quando começou lá a profª Vânia fez os cafés da clínica, ela sempre levava os alunos do primeiro período de lá para visitar, mesmo assim fica uma coisa, eles iam lá um dia, conhecia, a gente apresentava todas as salas, falava que era feito lá tudo direitinho, mas nunca mais os alunos voltavam, eles sabiam que existiam, mas nunca iam lá. Agora, os primeiros períodos, eles sempre vêm aqui, seja tanto pra buscar certificado, que a gente faz a entrega aqui, para procurar um professor, para fazer grupos de estudo. Então, assim, os primeiros períodos estão sempre aqui.

Sueli: Quer dizer que, hoje, também vocês fazem esse intercâmbio, trazem os alunos mesmo que não sejam frequentes, que atendam ainda na clínica, vocês procuram estar trazendo esses alunos para cá por outros serviços que passam a oferecer também.

Viviane: A Andréa Guerra criou um curso de aperfeiçoamento que os alunos do aperfeiçoamento são alunos já formados que atendem os alunos, e isso começou lá embaixo, então a procura era pouca. Aqui, se você abrir o caderno de espera, tem mais de cem alunos em espera, não só do curso de Psicologia, mas também de todos os outros cursos do *campus*. Então, eu acho, assim, que, depois disso, tem sempre alguma coisa para um aluno ou outro vir fazer aqui, desde que sejam os laboratórios, do experimental, da avaliação psicológica, tem aula no laboratório de avaliação psicológica, então, assim, fica bem cheio aqui mesmo.

Lei n. 4.119, de 27/08/1962

Dispõe sobre os cursos de formação em Psicologia e regulamenta a profissão de psicólogo.

CAPÍTULO I
Dos Cursos

Art. 01 – A formação em Psicologia far-se-á nas Faculdades de Filosofia, em cursos de bacharelado, licenciado e psicólogo.
Art. 02 – (Vetado).
Art. 03 – (Vetado).
Parágrafo único – (Vetado).
Art. 04 – (Vetado).
§ 1º – (Vetado).
§ 2º – (Vetado).
§ 3º – (Vetado).
§ 4º – (Vetado).
§ 5º – (Vetado).
§ 6º – (Vetado).

CAPÍTULO II
Da vida escolar

Art. 5º – Do candidato à matrícula no curso de bacharelado exigir-se-á idade mínima de 18 anos, apresentação do certificado de conclusão do ciclo secundário, ou curso correspondente na forma das **leis** de exames vestibulares.

Parágrafo único – Ao aluno que concluir o curso de bacharelado será conferido o diploma de bacharel em Psicologia.

Art. 6º – Do candidato à matrícula nos cursos de licenciado e psicólogo se exigirá a apresentação do diploma de bacharel em Psicologia.

§ 1º – Ao aluno que concluir o curso de licenciado se conferirá o diploma de licenciado em Psicologia.

§ 2º – Ao aluno que concluir o curso de psicólogo será conferido o diploma psicólogo.

Art. 7º – Do regimento de cada escola poderão constar outras condições para matrícula nos diversos cursos de que trata esta **lei**.

Art. 8º – Por proposta e a critério do Conselho Técnico Administrativo (CTA) e com aprovação do Conselho Universitário da Universidade, poderão os alunos, nos vários cursos de que trata esta **lei**, ser dispensados das disciplinas em que tiverem sido aprovados em cursos superiores, anteriormente realizados, cursos esses oficiais ou devidamente reconhecidos.

§ 1º – No caso de faculdades isoladas, a dispensa referida neste artigo depende de aprovação do órgão competente do Ministério da Educação e Cultura.

§ 2º – A dispensa poderá ser de, no máximo, seis disciplinas do curso de bacharelado, duas do curso de licenciado e cinco do curso de psicólogo.

§ 3º – Concedida a dispensa do número máximo de disciplinas previstas no parágrafo anterior, o aluno poderá realizar o curso de bacharelado em dois anos e, em igual tempo, o curso de psicólogo.

Art. 9º – Reger-se-ão os demais casos da vida escolar pelos preceitos da legislação do ensino superior.

CAPÍTULO III
Dos direitos conferidos aos diplomados

Art. 10º – Para o exercício profissional é obrigatório o registro dos diplomas no órgão competente do Ministério da Educação e Cultura.

Art. 11º – Ao portador do diploma de bacharel em Psicologia é conferido o direito de ensinar Psicologia em cursos de grau médio, nos termos da legislação em vigor.

Art. 12º – Ao portador do diploma de licenciado em Psicologia é conferido o direito de lecionar Psicologia, atendidas as exigências legais devidas.

Art. 13º – Ao portador do diploma de psicólogo é conferido o direito de ensinar Psicologia nos vários cursos de que trata esta **lei**, observadas as exigências legais específicas, e a exercer a profissão de psicólogo.

§ 1º – Constitui função privativa (*) do psicólogo a utilização de métodos e técnicas psicológicas com os seguintes objetivos:
diagnóstico psicológico;
orientação e seleção profissional;
orientação psicopedagógica;
solução de problemas de ajustamento.

§ 2º – É da competência do psicólogo a colaboração em assuntos psicológicos ligados a outras ciências.

Art. 14º – (Vetado).

CAPÍTULO IV
Das condições para funcionamento dos cursos

Art. 15º – Os cursos de que trata a presente **lei** serão autorizados a funcionar em Faculdades de Filosofia, Ciências e Letras, mediante decreto do Governo Federal, atendidas as exigências legais do ensino superior.

Parágrafo único – As escolas provarão a possibilidade de manter corpo docente habilitado nas disciplinas dos vários cursos.

Art. 16º – As faculdades que mantiverem cursos de psicólogo deverão organizar serviços clínicos e de aplicação à educação e ao trabalho orientados e dirigidos pelo conselho dos professores dos cursos abertos ao público, gratuitos ou remunerados.

Parágrafo único – Os estágios e observações práticas dos alunos poderão ser realizados em outras instituições da localidade, e critério dos professores do curso.

CAPÍTULO V
Da revalidação de diplomas

Art. 17º – É assegurada, nos termos da legislação em vigor, a revalidação de diplomas expedidos por faculdades estrangeiras que mantenham cursos equivalentes aos previstos na presente **lei**.

Parágrafo único – Poderão ser complementados cursos não equivalentes, atendendo-se aos termos do art. 08 e de acordo com instruções baixadas pelo Ministério da Educação e Cultura.

CAPÍTULO VI
Da revalidação de diplomas

Art. 17º – É assegurada, nos termos da legislação em vigor, a revalidação de diplomas expedidos por faculdades estrangeiras que mantenham cursos equivalentes aos previstos na presente **lei**.
Parágrafo único – Poderão ser complementados cursos não equivalentes, atendendo-se aos termos do art. 08 e de acordo com instruções baixadas pelo Ministério da Educação e Cultura.

CAPÍTULO VII
Disposições Gerais e Transitórias

Art. 18º – Os atuais cursos de Psicologia, legalmente autorizados, deverão adaptar-se às exigências estabelecidas nesta **lei**, dentro de um ano após sua publicação.
Art. 19º – Os atuais portadores de diploma ou certificado de especialista em Psicologia, Psicologia educacional, Psicologia clínica ou Psicologia aplicada ao trabalho, expedidos por estabelecimentos de ensino superior oficial ou reconhecido, após estudos em cursos regulares de formação de psicólogos, com duração mínima de quatro anos ou estudos regulares em cursos de pós-graduação com duração mínima de dois anos, terão direito ao registro daqueles títulos, como psicólogos e ao exercício profissional.
§ 1º – O registro deverá ser requerido dentro de 180 dias, a contar da publicação desta **lei**.
§ 2º – Aos alunos matriculados em cursos de especialização a que se refere este artigo, anteriormente à publicação desta **lei**, serão conferidos após a conclusão dos cursos, idênticos direitos desde que requeiram o registro profissional no prazo de 180 dias.
Art. 20º – Fica assegurado aos funcionários públicos efetivos exercício dos cargos e funções, sob as denominações de psicólogo,

psicologista ou psicotécnico, em que já tenham sido providos na data de entrada em vigor desta **lei**.

Art. 21º – As pessoas que, na data da publicação desta **lei**, já venham exercendo ou tenham exercido, por mais de cinco anos, atividades profissionais de Psicologia aplicada, deverão requerer no prazo de 180 dias, após a publicação desta **lei**, registro profissional de psicólogo.

Art. 22º – Para os efeitos do artigo anterior, ao requerimento em que solicita registro, na repartição competente do Ministério da Educação e Cultura, deverá o interessado juntar seus títulos de formação, comprovantes de exercício profissional e trabalhos publicados.

Art. 23º – A fim de opinar sobre os pedidos de registro, o Ministério da Educação e Cultura designará uma comissão de cinco membros, constituída de dois professores universitários de Psicologia educacional e três especialistas em Psicologia aplicada. (Vetado)

Parágrafo único – Em cada caso, à vista dos títulos de formação, obtidos no país ou no estrangeiro, comprovação do exercício profissional e mais documentos, emitirá a comissão parecer justificado, o qual poderá incluir pela concessão pura e simples do registro, pela sua denegação, ou pelo registro condicionado à aprovação do interessado em provas teórico-práticas.

Art. 24º – O Ministério da Educação e Cultura expedirá, no prazo de 60 (sessenta) dias, a contar da publicação desta **lei**, as instruções para sua execução.

Art. 25º – Esta **lei** entrará em vigor na data de sua publicação, revogadas as disposições em contrário.

Brasília, 27 de agosto de 1962; 141º da Independência e 74º da República.

João Goulart
F. Brochado da Rocha
Roberto Lyra

Instituições Universitárias com clínica-escola no Brasil

Nome UF	Municipio	Nome da Instituição
Acre	Rio Branco	Faculdade da Amazônia Ocidental – FAO
Alagoas	Maceió	Centro de Estudos Superiores de Maceió
Alagoas	Maceió	Universidade Federal de Alagoas
Amazonas	Manaus	Centro Universitário Luterano de Manaus
Amazonas	Manaus	Faculdade Martha Falcão
Amazonas	Manaus	Universidade Federal do Amazonas
Amazonas	Manaus	Centro Universitário Nilton Lins
Amazonas	Manaus	Centro Universitário do Norte
Amazonas	Manaus	Universidade Paulista – Chácara Sto. Antonio
Amapá	Macapá	Instituto Macapaense de Ensino Superior
Amapá	Macapá	Faculdade SEAMA
Bahia	Barreiras	Faculdade São Francisco de Barreiras – FASB
Bahia	Salvador	Faculdade Cidade do Salvador
Bahia	Salvador	ASBEC – Faculdade Jorge Amado
Bahia	Salvador	Escola Bahiana de Medicina e Saúde Pública
Bahia	Itabuna	Faculdade do Sul – FAC SUL
Bahia	Salvador	Faculdade Ruy Barbosa de Psicologia
Bahia	Feira de Santana	Faculdade de Tecnologia e Ciências de F. Santana
Bahia	Itabuna	Faculdade de Tecnologia e Ciências de Itabuna
Bahia	Salvador	Fac. De Tecnologia e Ciências de Salvador
Bahia	Vitória da Conquista	Fac. De Tecnologia e Ciências de Vit. Conquista
Bahia	Vitória da Conquista	Inst. De Ensino Superior Juvêncio Terra

Bahia	Salvador	Universidade Federal da Bahia
Bahia	Salvador	Universidade de Salvador
Ceará	Quixadá	Inst. Filosófico Tec. Nossa Sra. Imac. Rainha do Sertão
Bahia	Salvador	Faculdade Regional da Bahia – FARB
Ceará	Fortaleza	Universidade Federal do Ceará
Ceará	Fortaleza	Universidade de Fortaleza
Distrito Federal	Brasília	Universidade Paulista – UNIP
Distrito Federal	Brasília	Faculdade Alvorada de Educ. Física e Desporto
Distrito Federal	Brasília	Inst. de Educ. Sup. De Brasília – IESB
Distrito Federal	Brasília	Universidade Católica de Brasília
Distrito Federal	Brasília	Universidade de Brasília
Distrito Federal	Brasília	Centro Universitário de Brasília
São Paulo	São Paulo	Universidade Paulista – Brasília
Espírito Santo	Vila Velha	Faculdade Novo Milênio
Espírito Santo	Cachoeiro de Itapemirim	Faculdade do Espírito Santo
Espírito Santo	Vitória	Faculdade Brasileira
Espírito Santo	Vitória	Faculdades Integradas São Pedro
Espírito Santo	Vitória	Inst. de Ens. Sup. e Formação Avançada de Vitória
Espírito Santo	Vitória	Universidade Federal do Espírito Santo
Espírito Santo	Linhares	Fac. de Ciênc. Aplic. Sagrado Cor. – UNILINHARES
Espírito Santo	Vitória	Faculdade Salesiana de Vitória
Espírito Santo	Vila Velha	Centro Universitário Vila Velha
Goiás	Goiânia	Universidade Federal de Goiás
Goiás	Goiânia	Faculdade Cambury
Goiás	Anápolis	Faculdade Latino Americana
Goiás	Itumbiara	Inst. Luterano de Ens. Sup. De Itumbiara
Goiás	Goiânia	Universidade Católica de Goiás
Goiás	Goiânia	Universidade Paulista – Goiânia

Goiás	Rio Verde	Universidade de Rio Verde
Maranhão	São Luís	Universidade Federal do Maranão – UFMA
Maranhão	São Luís	Centro Universitário do Maranhão – UNICEUMA
Minas Gerais	Bom Despacho	Univ. Presid. Ant. Carlos – *Campus* Bom Despacho
Minas Gerais	Ipatinga	Univ. Presid. Ant. Carlos – *Campus* Ipatinga
Minas Gerais	Belo Horizonte	Univ. Presid. Ant. Carlos – *Campus* Ubá
Minas Gerais	Belo Horizonte	Fac. de Est. Adm. De Minas Gerais – FEAD-MG
Minas Gerais	Muriaé	Faculdade de Minas
Minas Gerais	Belo Horizonte	Centro Universitário Newton Paiva
Minas Gerais	Juiz de Fora	Centro de Ens. Sup. De Juiz de Fora
Minas Gerais	Divinópolis	Faculdade Divinópolis
Minas Gerais	Belo Horizonte	Faculdade Pitágoras de Adm. Superior
Minas Gerais	Montes Claros	Faculdade de Saúde Ibituruna
Minas Gerais	Montes Claros	Faculdades Integradas Pitágoras
Minas Gerais	Belo Horizonte	Universidade FUMEC
Minas Gerais	Divinópolis	Instituto de Ensino Superior e Pesquisa
Minas Gerais	Ituiutaba	Inst. Sup. de Ens. de Belo Horizonte – Metropolitana-BH
Minas Gerais	Betim	Pont. Univ. Catól. de Minas Gerais – Betim
Minas Gerais	Belo Horizonte	Pont. Univ. Catól. de Minas Gerais – Coração Eucar.
Minas Gerais	Belo Horizonte	Pont. Univ. Catól. de Minas Gerais – São Gabriel
Minas Gerais	Arcos	Pont. Univ. Catól. de Minas Gerais – Arcos
Minas Gerais	Poços de Caldas	Pont. Univ. Catól. de Minas Gerais – Poços de Caldas
Minas Gerais	Patos de Minas	Faculdade de Ciências Humanas e da Saúde
Minas Gerais	Juiz de Fora	Universidade Federal de Juiz de Fora

Minas Gerais	Belo Horizonte	Universidade Federal de Minas Gerais
Minas Gerais	São João Del Rei	Univ. Fed. de S. Jão Del Rei – *Campus* Dom Bosco
Minas Gerais	Uberlândia	Universidade Federal de Uberlândia
Minas Gerais	Varginha	Univ. José do Rosário Veliano – Alfenas
Minas Gerais	Alfenas	Univ. José do Rosário Veliano – Varginha
Minas Gerais	Lavras	Centro Universitário de Lavras
Minas Gerais	Coronel Fabriciano	Centro Univ. do Leste de Minas Gerais
Minas Gerais	Uberlândia	Fac. de Ciências Aplicadas de Minas – *Campus* Colina
Minas Gerais	Três Corações	Univ. Vale do Rio Verde
Minas Gerais	Ubá	Univ. Presid. Ant. Carlos – *Campus* Barbacena
Minas Gerais	Uberlândia	Centro Universitário do Triângulo
Minas Gerais	Uberaba	Universidade de Uberaba
Minas Gerais	Governador Valadares	Universidade Vale do Rio Doce
Minas Gerais	Pouso Alegre	Universidade do Vale do Sapucaí
Minas Gerais	Itajubá	Centro Universitário de Itajubá
Mato Grosso Sul	Paranaína	Univ. Fed. de Mato Grosso do Sul – Campos. Corumbá
Mato Grosso Sul	Campo Grande	Univ. Fed. de MS – *Campus* Paranaíba
Mato Grosso Sul	Campo Grande	Universidade Católica Dom Bosco
Mato Grosso Sul	Corumbá	Univ. Fed. de MS – *Campus* Campo Grande
Mato Grosso Sul	Campo Grande	Univ. p/o Desev. do Est. e da Região do Pantanal
Mato Grosso Sul	Dourados	Centro Universitário da Grande Dourados
Mato Grosso	Rondonópolis	Universidade Federal de Mato Grosso
Mato Grosso	Cuiabá	Universidade de Cuiabá
Mato Grosso	Várzea Grande	Centro Universitário de Várzea Grande
Pará	Belém	Universidade Federal do Pará
Pará	Belém	Universidade da Amazônia

Paraíba	Campina Grande	Faculdade de Campina Grande
Paraíba	Campina Grande	Universidade Estadual da Paraíba
Paraíba	João Pessoa	Universidade Federal da Paraíba
Paraíba	João Pessoa	Centro Universitário de João Pessoa
Pernambuco	Recife	Faculdade Boa Viagem
Pernambuco	Vitória de Sto. Antão	Fac. Integradas da Vit. de Santo Antão
Pernambuco	Olinda	Fac. de Ciências Hum. De Olinda Facho
Pernambuco	Recife	Faculdade Frassinetti do Recife
Pernambuco	Caruaru	Faculdade do Vale do Ipojuca
Pernambuco	Recife	Faculdade de Ciências Hum. ESUDA
Pernambuco	Recife	Faculdade Integrada do Recife
Pernambuco	Recife	Faculdade Maurício de Nassau
Pernambuco	Recife	Universidade Federal de Pernambuco
Pernambuco	Recife	Universidade Católica de Pernambuco
Pernambuco	Petrolina	Fund. Universid. Fed. do Vale do São Francisco
Piauí	Teresina	Universidade Estadual do Piauí
Piauí	Teresina	Faculdade Integral Diferencial
Piauí	Teresina	Faculdade Santo Agostinho
Piauí	Teresina	Universidade Estadual do Piauí – FACIME
Paraná	Umuarama	Universidade Paranaense – Unidade Cascavél
Paraná	Londrina	Faculdade Metropolitana Londrinense
Paraná	Ponta Grossa	Faculdade Sant'Ana
Paraná	Maringá	Centro Universitário de Maringá – CEUMAR
Paraná	Cascavel	Fac. De Ciências Aplicada de Cascavel
Paraná	Pato Branco	Faculdade de Pato Branco
Paraná	Cascavel	Faculdade Assis Gurgacz
Paraná	Curitiba	Faculdade Dom Bosco – *Campus* Marumby
Paraná	Curitiba	Faculdade Evangélica do Paraná

Paraná	Foz do Iguaçú	Faculdade União das Américas
Paraná	Foz do Iguaçú	Instituto de Ensino Superior de Foz do Iguaçú
Paraná	Curitiba	Pontifícia Universidade Católica de Curitiba
Paraná	Londrina	Universidade Estadual de Londrina
Paraná	Maringá	Universidade Estadual de Maringá
Paraná	Curitiba	Universidade Federal do Paraná
Paraná	Curitiba	Centro Universitário Positivo
Paraná	Irati	Universidade estadual do Centro Oeste
Paraná	Londrina	Centro Universitário Filadélfia
Paraná	Maringá	Faculdade Ingá
Paraná	Umuarama	Universidade Paranaense – Unidade Umuarama
Paraná	Curitiba	Univ. Tuiuti do Paraná – *Campus* Champagnat
Rio de Janeiro	Campos dos Goytacazes	Univ. Estácio de Sá – *Campus* Goytacazes
Rio de Janeiro	Volta Redonda	Centro Universitário de Volta Redonda
Rio de Janeiro	Campos dos Goytacazes	Centro Universitário Fluminense
Rio de Janeiro	Rio de Janeiro	Centro Universitário Celso Lisboa
Rio de Janeiro	Rio de Janeiro	Centro Universitário Hermínio da Silveira
Rio de Janeiro	Niterói	Faculdades Integradas Maria Thereza
Rio de Janeiro	Rio de Janeiro	Pont. Univ. Católica do Rio de Janeiro
Rio de Janeiro	Petrópolis	Universidade Católica de Petrópolis
Rio de Janeiro	Rio de Janeiro	Universidade do Estado do Rio de Janeiro
Rio de Janeiro	Rio das Ostras	Univ. Fed. Fluminense – *Campus* Rio Ostras
Rio de Janeiro	Tijuca	Universidade Veiga de Almeida
Rio de Janeiro	Rio de Janeiro	Universidade Federal do Rio de Janeiro
Rio de Janeiro	Rio de Janeiro	Universidade Gama Filho
Rio de Janeiro	Resende	Universidade Estácio de Sá – *Campus* Akxe

Rio de Janeiro	Nova Friburgo	Univ. Estácio de Sá – *Campus* Friburgo
Rio de Janeiro	Rio de Janeiro	Univ. Estácio de Sá – *Campus* Ilha do Governador
Rio de Janeiro	Rio de Janeiro	Univ. Estácio de Sá – *Campus* Meier
Rio de Janeiro	Rio de Janeiro	Univ. Estácio de Sá – *Campus* Niterói
Rio de Janeiro	Rio de Janeiro	Univ. Estácio de Sá – *Campus* Rebouças
Rio de Janeiro	Rio de Janeiro	Univ. Estácio de Sá – *Campus* Taquara
Rio de Janeiro	Rio de Janeiro	Univ. Estácio de Sá – *Campus* Santa Cruz
Rio de Janeiro	São Gonçalo	Univers. Salgado de Oliveira – São Gonçalo
Rio de Janeiro	Vassouras	Universidade Severino Sombra
Rio de Janeiro	Rio de Janeiro	Universidade Santa Úrsula
Rio de Janeiro	Rio de Janeiro	Universidade Veiga de Almeida
Rio de Janeiro	Nilópolis	Fac. de Ciên. Médicas e Paraméd. Flu. – SEFLU
Rio Gde. Norte	Natal	Fac. de Ciên. Cult. e Ext. do Rio Gde. Do Norte
Rio Gde. Norte	Natal	Fac. Natalense p/o Desenv. do Rio Gde. Do Norte
Rio Gde. Norte	Natal	Univ. Fed. do Rio Grande do Norte
Rio Gde. Norte	Natal	Universidade Potiguar
Rondônia	Vilhena	Faculdade da Amazônia
Rondônia	Porto Velho	Inst. Luterano de Ens. Sup. De Porto Velho
Rondônia	Porto Velho	Fundação Univ. Fed. De Rondônia
Rondônia	Cacoal	Fac. Integradas de Cacoal – UNESC
Roraima	Boa Vista	Fac. de Ciên. Hum. , Biol. E da Saúde – FCHBS
Rio Gde. do Sul	Carazinho	Universidade de Passo Fundo – *Campus* Carazinho
Rio Gde. do Sul	Guaíba	Univ. Luterana do Brasil – São Gerônimo
Rio Gde. do Sul	Taquara	Fac. de Ciên. Hum. e da Saúde de Taquara
Rio Gde. do Sul	Novo Hamburgo	Centro Universitário FEEVALE
Rio Gde. do Sul	Caxias do Sul	Faculdade da Serra Gaúcha

Rio Gde. do Sul	Porto Alegre	Pont. Univ. Católica de Porto Alegre
Rio Gde. do Sul	Pelotas	Univ. Católica de Pelotas
Rio Gde. do Sul	Caxias do Sul	Universidade de Caxias do Sul
Rio Gde. do Sul	Porto Alegre	Univ. Federal do Rio Grande do Sul
Rio Gde. do Sul	Santa Maria	Univ. Federal de Santa Maria
Rio Gde. do Sul	Torres	Univ. Luterana do Brasil – CANOAS
Rio Gde. do Sul	Canoas	Univ. Luterana do Brasil – Cachoeira do Sul
Rio Gde. do Sul	São Jerônimo	Univ. Luterana do Brasil – Gravataí
Rio Gde. do Sul	Santa Maria	Univ. Luterana do Brasil – Guaíba
Rio Gde. do Sul	Cachoeira do Sul	Univ. Luterana do Brasil – Santa Maria
Rio Gde. do Sul	Gravataí	Univ. Luterana do Brasil – Torres
Rio Gde. do Sul	Santa Maria	Centro Universitário Franciscano
Rio Gde. do Sul	Ijuí	Univ. Reg. do Noroeste do Est. do RS – *Campus* Ijuí
Rio Gde. do Sul	Santa Rosa	Univ. Reg. Noroeste do Est. do RS – *Campus* Sta. Rosa
Rio Gde. do Sul	Sta. Cruz do Sul	Univ. de Santa Cruz do Sul
Rio Gde. do Sul	São Leopoldo	Univ. do Vale do Rio dos Sinos
Rio Gde. do Sul	Erechim	Univ. Reg. Integ. do Alto Uruguai e Missões – Erechim
Rio Gde. do Sul	Santo Ângelo	Univ. Reg. Integ. Alto Uruguai e Missões – Sto. Ângelo
Rio Gde. do Sul	Santiago	Univ. Reg. Integ. Alto Uruguai e Missões – Santiago
Rio Gde. do Sul	Frederico Westphalen	Univ. Reg. Integ. Alto Urug. Missões – Fred. Westphalen
Rio Gde. do Sul	Passo Fundo	Universidade de Passo Fundo – *Campus* I
Rio Gde. do Sul	Bagé	Universidade da Região da Campanha
Santa Catarina	Florianópolis	Faculdade de Ciências Sociais de Florianópolis
Santa Catarina	Orleans	Centro de Educação Superior
Santa Catarina	Lages	Faculdade de Psicologia de Lages
Santa Catarina	Ibirama	Faculdade de Ciências Sociais e Aplicadas

Santa Catarina	Blumenau	Faculdade Metropolitana de Blumenau
Santa Catarina	Joinville	Faculdade de Psicologia de Joinville
Santa Catarina	Florianópolis	Universidade Federal de Santa Catarina
Santa Catarina	Mafra	Univ. do Contestado – *Campus* Mafra/ Rio Negrinho
Santa Catarina	Caçador	Univ. do Contestado – *Campus* Concórdia
Santa Catarina	Concórdia	Univ. do Contestado – *Campus* Caçador
Santa Catarina	Porto União	Univ. do Contestado – *Campus* Porto União
Santa Catarina	Criciúma	Univ. do Extremo Sul Catarinense
Santa Catarina	Rio do Sul	Univ. p/o Desenv. Do Alto Vale do Itajaí
Santa Catarina	Lages	Universidade do Planalto Catarinense
Santa Catarina	Araranguá	Univ. do Sul de Sta. Catarina – *Campus* Araranguá
Santa Catarina	Tubarão	Univ. do Sul de Sta. Catarina – C. Pedra Branca
Santa Catarina	Tubarão	Univ. do Sul de Sta. Catarina – *Campus* Tubarão
Santa Catarina	Biguaçú	Univ. do Vale do Itajaí – *Campus* Biguaçú
Santa Catarina	Itajaí	Univ. do Vale do Itajaí – *Campus* Itajaí
Santa Catarina	Chapecó	Univ. Comunitária Regional de Chapecó
Santa Catarina	São Miguel do Oeste	Univ. do Oeste de Sta. Catarina – *Campus* Jaçoaba
Santa Catarina	Joaçaba	Univ. do Oeste de Sta. Catarina – C. São Miguel d'Oeste
Sergipe	Aracajú	Faculdade Pio Décimo
Sergipe	São Cristóvão	Universidade Federal de Sergipe
Sergipe	Aracajú	Universidade Tiradentes
São Paulo	Ribeirão Preto	Universidade de São Paulo – FFCLRP
São Paulo	Assis	Univ. Est. Pta. Júlio de Mesquita Filho – *Campus* Bauru
São Paulo	Piracicaba	Univ. Metodista de Piracicaba – *Campus* Taquaral
São Paulo	São Paulo	Univ. Camilo Castelo Bco. – UNICASTELO-C. VII – Fern.

São Paulo	Fernandópolis	Univ. Camilo Cast. Bco. – UNICASTELO-C. VIII – Descalv.
São Paulo	São Paulo	Univ. Band. de SP – *Campus* Campo Limpo – CL
São Paulo	São Paulo	Univ. Band. de SP – *Campus* Maria Cândida-MC
São Paulo	Osasco	Univ. Band. de SP – *Campus* Morumbi-MB II
São Paulo	São Paulo	Univ. Band. de SP – *Campus* Osasco – OS
São Paulo	São Bernardo do Campo	Univ. Band. de SP – *Campus* Rudge – RG
São Paulo	São Paulo	Univ. São Francisco – *Campus* São Paulo
São Paulo	São Paulo	Centro Universitário Paulistano
São Paulo	Araçatuba	Fac. da Fund. Educacional Araçatuba
São Paulo	Bebedouro	Faculdades Integradas Fafibe
São Paulo	Adamantina	Fac. Adamantinenses Integradas
São Paulo	Jaguariúna	Faculdade de Jaguariúna
São Paulo	Lins	Centro Univ. Salesiano Auxilium
São Paulo	Americana	Faculdade de Americana
São Paulo	Tupã	Faculdade da Alta Paulista
São Paulo	Garça	Faculdade de Ciências da Saúde
São Paulo	Guarulhos	Fac. Int. de Ciências Hum. , Saúde e Ed. de Guarulhos
São Paulo	Limeira	Fac. Integr. Einstein de Limeira
São Paulo	Fernandópolis	Fac. Integradas de Fernandópolis
São Paulo	São Paulo	Centro Univ. das Fac. Metropolitanas Unidas
São Paulo	Jundiaí	Fac. Politécnica de Jundiaí
São Paulo	Taquaritinga	Inst. Taquarit. Ens. Sup. "Dr. Aristides Carv. Schlobach"
São Paulo	São Paulo	Universidade Presbiteriana Mackenzie
São Paulo	Campinas	Pontifícia Univ. Católica de Campinas
São Paulo	São Paulo	Pont. Univ. Católica de São Paulo – *Campus* Perdizes
São Paulo	São Paulo	Universidade Anhembi Morumbi

São Paulo	Mogi das Cruzes	Universidade Bráz Cubas
São Paulo	São Carlos	Universidade Federal de São Carlos
São Paulo	Mogi das Cruzes	Universidade de Mogi das Cruzes
São Paulo	São Bernardo do Campo	Universidade Metodista de São Paulo
São Paulo	Ribeirão Preto	Universidade de Ribeirão Preto
São Paulo	São Paulo	Centro Univ. Adventista de São Paulo
São Paulo	Bauru	Univ. Est. Pta. Júlio de Mesquita Fº. – *Campus* de Assis
São Paulo	Guarulhos	UNG – Universidade Guarulhos
São Paulo	Santo André	Centro Universitário de Santo André
São Paulo	Santo André	Universidade do Grande A. B. C.
São Paulo	Jundiaí	Centro Universitário Padre Anchieta
São Paulo	Araraquara	Centro Universitário de Araraquara
São Paulo	Araras	Centro Univ. Hermínio Ometto de Araras
São Paulo	São Paulo	Universidade Ibirapuera
São Paulo	São Paulo	Univ. Band. de SP – *Campus* Maria Cândida – ABC
São Paulo	São Paulo	Centro Universitário Capital
São Paulo	Descalvado	Univ. Camilo Castelo Bco. – UNICASTELO – *Campus* I
São Paulo	São Paulo	Univ. Cruzeiro do Sul – *Campus* São Miguel
São Paulo	Franca	Centro Universitário de Franca
São Paulo	São João da Boa Vista	Centro Univ. das Fac. Assoc. de Ensino – FAE
São Paulo	Franca	Universidade de Franca
São Paulo	Marília	Universidade de Marília
São Paulo	São Paulo	Centro Univ. Nove de Julho – *Campus* Vila Maria
São Paulo	São Paulo	Centro Univ. Nove de Julho-C. Memorial Amér. Latina
São Paulo	São Paulo	Centro Univ. Nove de Julho – *Campus* Vergueiro

São Paulo	Araçatuba	Universidade Paulista – Alphaville
São Paulo	Ribeirão Preto	Universidade Paulista – Araçatuba
São Paulo	Araraquara	Universidade Paulista – Araraquara
São Paulo	São Paulo	Universidade Paulista – Assis
São Paulo	São Paulo	Universidade Paulista – Bauru
São Paulo	São Paulo	Universidade Paulista – Campinas I
São Paulo	Jundiaí	Universidade Paulista – Goiânia
São Paulo	São Paulo	Universidade Paulista – Jundiaí
São Paulo	São Paulo	Universidade Paulista – Limeira
São Paulo	São Paulo	Universidade Paulista – Pinheiros
São Paulo	São Paulo	Universidade Paulista – Santos
São Paulo	Limeira	Universidade Paulista – São José do Rio Preto
São Paulo	São José do Rio Pardo	Universidade Paulista – Sorocaba
São Paulo	Santana de Parnaíba	Universidade Pta. – *Campus* Indianópolis
São Paulo	São Paulo	Universidade de Santo Amaro
São Paulo	Americana	Centro Universitário Salesiano de São Paulo
São Paulo	Santos	Universidade Católica de Santos
São Paulo	Taubaté	Universidade de Taubaté
São Paulo	São Paulo	Centro Univ. Salesiano de São Paulo UNISAL
São Paulo	Presidente Prudente	Universidade do Oeste Paulista
São Paulo	São José do Rio Preto	Centro Universitário do Norte Paulista
São Paulo	Bauru	Universidade do Sagrado Coração
São Paulo	Itatiba	Univ. São Francisco – *Campus* Itatiba
São Paulo	São Paulo	Universidade São Judas Tadeu
São Paulo	São Paulo	Univ. São Marcos – Unid. Firmino Matias Lúcia
São Paulo	São Paulo	Univ. São Marcos – João XXII
São Paulo	São Paulo	Univ. de São Paulo – Inst. Psicologia – Butantã

São Paulo	Aclimação	Universidade Paulista – Vergueiros
São Paulo	Sorocaba	Universidade Paulista – Campinas II
São Paulo	Assis	Universidade Paulista – Campinas III
São Paulo	São José do Rio Preto	Universidade Paulista – CANTAREIRA
São Paulo	São José dos Campos	Universidade Paulista – CANTAREIRA – Hosp. Vet.
São Paulo	Jacareí	Universidade Paulista – Jacareí
São Paulo	Pompeia	Universidade Paulista – Pompeia
São Paulo	Vergueiros	Universidade Paulista – Pompeia
São Paulo	Vila Mariana	Universidade Paulista – Vergueiros
São Paulo	Aclimação	Universidade Paulista – Vila Mariana
São Paulo	Vila Guilherme	Universidade Paulista – Vila Guilherme
Tocantins	Palmas	Centro Universitário Luterano de Palmas
Tocantins	Gurupi	Faculdade UNIRG

Divisão das clínicas-escolas universitárias brasileiras por região

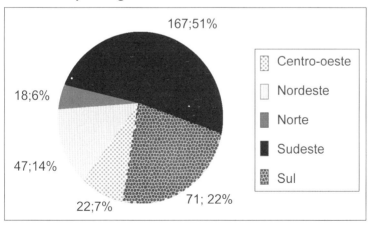

Edições Loyola

impressão acabamento
rua 1822 n° 341
04216-000 são paulo sp
T 55 11 3385 8500
F 55 11 2063 4275
www.loyola.com.br